乡村生态规划建设
理论与实践研究

潘 琨◎著

中国出版集团　现代出版社

图书在版编目（CIP）数据

乡村生态规划建设理论与实践研究/潘琨著．—北京：现代出版社，2023.12

ISBN 978-7-5231-0696-9

Ⅰ．①乡⋯　Ⅱ．①潘⋯　Ⅲ．①乡村－生态环境建设－研究－中国　Ⅳ．①F320.3②X321.2

中国国家版本馆 CIP 数据核字（2023）第 232984 号

著　　者：潘　琨
责任编辑：袁　涛

出 版 人：乔先彪
出版发行：现代出版社
地　　址：北京市安定门外安华里 504 号
邮　　编：100011
电　　话：010－64267325
传　　真：010－64245264（兼传真）
网　　址：www.1980xd.com
印　　刷：北京建宏印刷有限公司
开　　本：880mm×1230mm　1/32
印　　张：6
字　　数：181 千字
版　　次：2023 年 12 月第 1 版　　2023 年 12 月第 1 次印刷
书　　号：ISBN 978-7-5231-0696-9
定　　价：58.00 元

前　言

　　"乡村振兴"作为国家战略，旨在全面建设社会主义现代化国家的过程中，推动农业农村现代化，实现城乡发展的协调与繁荣。我国作为农业大国，农村的发展得到了党中央和各级政府的高度重视。从提出建设"社会主义新农村"，以及"美丽中国"理念和"新型城镇化"道路，到建设"美丽乡村"目标，再到如今的"乡村振兴"战略，每一次的政策改革推进无不体现出国家对乡村生态环境建设的重视。"推动乡村生产、生态、生活协调发展，推进乡村人居生态环境整治"是针对乡村规划建设提出的新要求、新部署。

　　"美丽乡村"建设是推动社会主义新农村建设与生态文明建设的新要求、新思想与新观点。自党的十九大以来，"乡村振兴"战略的提出和实施则成为重大战略部署，乡村景观作为乡村地域综合体的重要构成部分，其规划建设成为国家现代化建设的重要内容。

　　目前，我国正处于传统乡村景观向新时代乡村生态景观转变的过渡阶段。乡村生态规划是应用多学科的理论，对乡村各种景观要素进行整体规划与设计，保护乡村景观完整性和文化特色，挖掘乡村景观的文化及经济价值，保护乡村的生态环境，推动乡村的社会、经济和生态持续协调发展的一种综合规划，体现了人为聚落形态与自然环境的关系。实践证明，加快乡村生态的建设对塑造美丽乡村，提高农村居民生活质量，推动农村经济发展模式的转变有着非常重大的意义。然而，因为城市化进程的快速推进，我国乡村规划盲目地向着城市景观模式发展，导致具有特色的乡村景观被破坏殆尽，呈现千篇一律的样貌。不仅如此，在乡村生态规划建设中，因为规划不够科学合理，一些原有的历史古迹、乡村风貌被破坏，导致乡村文化内涵和乡土特色缺失。如何在乡村生态规划建设中将各种资源科学合理地结合起来让其可持续发展，成为目前"乡村振兴"战略中必须考虑和迫切需要解决的问题。本书正是在这一背景下应运而生的。

本书共分为四个部分。

第一部分立足于乡村振兴的理论研究与实践经验，系统探讨了乡村振兴战略的背景与挑战，力图从"三农"问题、脱贫攻坚和农业农村现代化这三个方向介绍乡村生态规划建设的背景。

第二部分以乡土景观设计相关学科为基础，紧密结合乡村景观研究，坚持理论创新和应用研究、科学研究和学科发展相统一，主要目的是解决乡村人居环境及乡村生态规划建设过程中存在的问题，为乡村人居环境的改善及乡村生态规划建设寻找解决途径；进而，以乡村振兴和美丽乡村建设为背景，从乡村零落景观规划设计及乡土环境设计的基本理论知识入手，从多角度阐述乡村生态规划建设的基本内容和设计路径及其应用研究。

第三部分从生态学视角来看乡村振兴，发扬乡村文化的生态价值，引入乡村旅游。首先，从生态学视角来看乡村振兴，不仅能够促进乡村经济、政治、文化的振兴，而且可以还乡村建设一片绿水青山，创造新时代我国乡村的新风貌、新气象。其次，乡村旅游是利用乡村资源充分发挥其多重价值的一种重要旅游类型，是乡村振兴战略的重要抓手，乡村旅游在促进农业产业结构调整，充分发挥农业的多种功能，吸引人才、科技、资金等资源向农业投入，打破乡村地区相对封闭的经济社会运行环境，重构农村社会和经济系统，增强农民的自我发展能力和提高农民的生活质量，促进乡村地区的内生化发展等方面发挥着重要的作用，是解决"三农"问题的重要途径，能够有力地推动乡村地区社会经济的快速发展。

第四部分针对宁夏地区乡村生态建设策略和发展路径进行分析。近年来，宁夏积极响应国家文旅协同发展的号召，顺应文化旅游协同发展的新趋势与新要求，以文化提升旅游品质，用旅游传播宁夏故事，加快全域旅游示范区建设，着力推动经济高质量发展。同时，宁夏在推动全域旅游和文旅协同高质量发展的进程中，通过第一、第二、第三产业的融合，从客户喜好探寻市场需求，继而通过第一、第二、第三产业的深度融合，把旅游产业做大做强，增加农民就业，促进农民增收，推进农村经济的绿色可持续发展。

本书立足于乡村振兴战略的理论和实践，能为广大读者提供一个全面、系统的乡村生态规划建设的参考框架，进而为广大读者提供有益的理论指导和实践参考。本书能够为推进乡村景观的设计实施，以及实现新时代乡村生态规划建设提供有益启示。同时，我们也将密切关注实施过程中出现的新情况、新问题，不断完善和丰富本书的内容，为乡村振兴事业做出更多贡献。

我们深知本书在研究深度和广度上仍有不足之处，期待广大读者提出宝贵意见和建议，共同推动乡村振兴战略在全国范围内的深入实施，为实现全面建设社会主义现代化国家的目标贡献力量。

作　者

2023 年 7 月

目　录

第一章 "乡村振兴"战略的背景与挑战

党的二十大描绘了以中国特色现代化全面推进中华民族伟大复兴的宏伟蓝图。全面建设社会主义现代化国家，最艰巨最繁重的任务仍然在农村。世界变局加速演进，我国发展进入风险与挑战并存、不确定难预料的时期，守好"三农"基本盘至关重要。必须坚持把解决好"三农"问题作为工作的重中之重，全力推进"乡村振兴"，加快农业农村现代化。

要坚持党对"三农"工作的领导，坚持农业农村优先发展，强化科技创新和制度创新，坚决守牢确保粮食安全、防止回归贫困，推进乡村发展、治理等重点工作，加快建设农业强国，为现代化国家打下基础。

第一节 "三农"问题

农业、农村和农民问题一直是关乎国本的重要问题。党的二十大明确指出："从现在起，中国共产党的中心任务就是团结带领全国各族人民全面建成社会主义现代化强国、实现第二个百年奋斗目标，以中国式现代化全面推进中华民族伟大复兴。"在当前"十四五"、全面建设社会主义现代化强国新征程的重要历史交汇点上，"三农"工作迎来历史上最好的战略机遇期，对实现中华民族伟大复兴的中国梦具有关键意义。

一、理论源泉：马克思主义经典作家关于"三农"问题的论述

生产实践是马克思主义理论的逻辑起点与重要内容，马克思主义经典作家带着农民解放的价值关怀，对西方资本主义国家以及东方社会中俄国农业生产实践进行研究，开创了马克思主义"三农"理论。在《共产党宣言》《路易·波拿巴的雾月十八日》《资本论》《家庭、私有制和国家的起源》《法德农民问题》等一系列经典著作中，马克思和恩格斯从历史唯物主义及辩证唯物主义出发，指出"土地是我们的一切，是我们生存的首要条件"，"农业劳动的生产力超过劳动者个人的需要这个事实，是每一个社会的基础"，进而综合论述了农业在国民经济中的基础地位、工农联盟及农民解放、农业现代化和农业合作化以及城乡融合等问题，开辟了马克思主义"三农"理论研究先河。马克思和恩格斯指出，未来城乡对立的阶级基础将消失，社会分工也将消失，城市与乡村必然走向融合，届时"公民公社将从事工业生产和农业生产，将把城市和农村生活方式的优点结合起来，避免二者的片面性和缺点"。列宁将马克思、恩格斯关于"三农"问题的理论思考与世界上第一个社会主义国家苏维埃俄国的农业具体实际相结合，开启了社会主义国家农业发展实践，其社会主义农业发展理论综合体现在新经济政策时期对土地问题、合作制、农业集约化、农业技术进步、农业市场化以及农民发展等问题的系统思考。列宁高度重视农业生产合作社，强调"要是完全实现了合作化，我们也就在社会主义基地上站稳了脚跟"，并对农业生产合作社的前提条件、建设路径、资源支持以及发展规律进行了论述。马克思主义经典作家的"三农"理论深刻揭示了农业在国家发展中的重要地位、农业现代化的基本路径、农民发展的重要性以及城乡融合的必然性。党中央秉承农民解放的价值关怀与坚定的人民立场，站在社会主义事业发展全局对"三农"工作进行了系统思考，将农业在国民经济中的基础性地位上升为优先发展地

位,在马克思主义经典作家城乡融合理论指引下结合中国实际对中国城乡关系进行重塑,将农业现代化拓展为农业农村现代化,推动了马克思主义"三农"理论在新的时代背景下的创造性转化与创新性发展。

二、文化根基:中国古代及近代思想家的"三农"论述

中国是世界农业重要发祥地之一,历史上曾长期领先于世界各文明古国,在漫长的农耕社会中形成了具有中华民族特色的传统"农本"思想,历朝历代均高度重视农业生产。早在商周时期,古人就已经意识到农业对治国安邦的基础作用。虢文公曾劝谏周宣王亲耕籍田以劝农力耕、导民务本,指出"夫民之大事在农"的道理。到了春秋战国时期,农本思想正式形成,将务农视为"本业",给予其较高的社会地位,而商业、手工业等则为"末业"。商鞅主张"僇力本业,耕织致粟帛多者复其身。事末利及怠而贫者,举以为收孥"。自此开始奉行重农抑商的经济政策,历朝历代均注重通过兴修水利、守护山林等举措保障农业生产。封建土地所有制下实行个体小生产农业,以一家一户为生产单位在小块土地上精耕细作。农民的生活在封建制度下极其脆弱,"耕者有其田"一直是广大农民最朴素而又难以实现的理想。从事农业活动中,古人孕育出人与自然和谐共生的农耕文明,遵循着"天人合一"的基本原则,形成了以自然有机循环为特征的农业生产方式,如稻鱼共生、农桑结合等。随着农业生产力的提高以及私学的盛行,国家层面也形成了独具特色的耕读传统。党中央对传统农耕文明进行扬弃,实现了农耕文明优秀遗产和现代文明要素的结合,以传统农耕智慧为"三农"工作注入文化底蕴与精神密码。"乡村振兴"战略中的"乡村"二字以及"文化振兴"的提出,以绿色发展引领"乡村振兴"、传承发展提升农耕文明等思想均源自于此。

第二节　脱贫攻坚

党的二十大报告首次指出新时代十年对党和人民事业具有重大意义的三件大事："一是迎来中国共产党成立一百周年，二是中国特色社会主义进入新时代，三是完成脱贫攻坚、全面建成小康社会的历史任务，实现第一个百年奋斗目标。"党的二十大报告对"三件大事"的理论阐释凸显了新时代十年中国共产党领导人民打赢脱贫攻坚战的历史意义和深远影响。

回溯历史，新时代十年中国共产党领导人民进行艰苦卓绝的反贫困斗争，以精准施策彻底打赢了脱贫攻坚战。可以说，从历史、实践和世界意义等维度清晰展现了新时代十年中国脱贫攻坚的价值意蕴。

一、千百年来中华民族摆脱绝对贫困的重要法宝

新民主主义革命前夕，中国处于封建社会体制下的农耕自然经济，农民占全国总人口的 80% 以上。作为传统农业大国的中国，封建地主阶级长期占据生产资料的绝大部分，致使农民深受封建社会压迫，长期处于贫困状态。如何解决好农民的生计问题、缓和农民和地主的阶级矛盾，关系到社会的长治久安和国家的繁荣稳定。古代历史上绝对贫困的生存压迫，致使农民为反抗横征暴敛不断掀起农民起义。历代统治者虽认识到贫困治理在国家施策过程的重要性，但贫困本身复杂多变，贫困治理无法触及体制根本。尤其是鸦片战争以来，西方列强更是以武力打开中国大门，中国陷入内有封建势力的盘根交错、外有帝国主义剥削压迫的境地，人民生活苦不堪言，贫困问题愈加严峻。

新民主主义革命时期，为改变中国贫穷落后的社会面貌，中国知识分子将自身理想同国家兴亡、社会进步紧密联系并投身革命实践，诸如无政府主义、新村主义、实验主义、改良主义、自由主义等方案相继登上历史舞台，但均以失败告终。历史证明，只有代表

无产阶级根本利益的中国共产党领导人民大众最终推翻封建土地所有制、解决人民生存和发展问题，从"打土豪、分田地"、"双减双交"再到"耕者有其田"，从土地革命、抗日战争再到解放战争和建立中华人民共和国，中国共产党为摆脱绝对贫困打下了坚实根基。

改革开放以来，中国推行对内改革、对外开放的发展战略，生产力得到极大提升。中国共产党始终注重以人民为中心，将摆脱绝对贫困同推动经济发展、人民的美好生活紧密结合，先后经历体制性改革扶贫、开发式扶贫、县域专项扶贫、整村推进式扶贫、集中连片特困区扶贫等阶段，贫困范围从普遍性贫困一步步缩小至片区、县域、村镇。尤其是党的十八大以来，以习近平同志为核心的党中央迎难而上，经过艰苦卓绝的反贫困斗争，近一亿贫困人口实现脱贫，打赢了人类历史上规模最大的脱贫攻坚战，从根本上破解了困扰中华民族几千年的绝对贫困难题。

二、全面建成小康社会、探索中国式现代化的必由之路

小康，源自《诗经》中"民亦劳止，汔可小康"，形容人民生活富足安乐的社会局面。全面小康是惠及全体人民、涵盖所有领域和全部区域的小康，坚决打赢脱贫攻坚战是党中央兑现"一个也不能少"的庄严承诺，也是全面建成小康社会、开启中国式现代化的必由之路。

从关涉领域来看，脱贫攻坚是"五位一体"总体布局的关键一环。进入新时代，党中央从全面建成小康社会的要求出发，将脱贫攻坚纳入"五位一体"总体布局中，以中国式现代化全面推进脱贫攻坚的"最后一役"。从经济领域考察，"小康不小康，关键看老乡"。如何使贫困人民的"钱袋子"鼓起来是党治国理政的实践诉求。党中央从生产脱贫出发，通过引进专业人才、优化产业结构、开发因地制宜的劳动产品、搞活发展副业等方式带动当地经济发展，在市场资源配置的作用下实现"人、财、物"的合理分配。从

政治领域观察，根据《中共中央　国务院关于打赢脱贫攻坚战三年行动的指导意见》，切实做到"六个精准"，从定位扶贫对象、统筹项目安排、合理使用资金、注重因户施策、落实因村派人以及高质量完成脱贫工作等维度明确"扶持谁""谁来扶""怎么扶""如何退"等问题，以精准化的发展理念保障脱贫攻坚工作落地生效。从文化领域审视，教育扶贫是阻断贫困代际传递的根本之策。通过强化基础教育、加大职业教育、推进农村学校教育信息化建设等方式，激发贫困人口的内生动力。从社会领域剖析，注重社会保障的兜底政策。通过医疗救助、建档立卡、残疾人补贴等措施解决特殊人群的生活问题，依据"应保尽保、应救尽救"的原则对兜底扶贫对象给予特殊帮扶。从生态领域着眼，探索生态扶贫的可持续发展方式。将贫困地区的生态保护和扶贫开发有机结合，以改善生态环境为战略举措进而促进贫困地区可持续发展的绿色减贫方式，如发展旅游产业、加工绿色食品等方式提高贫困群体的劳动收入。因此，通过经济、政治、文化、社会和生态文明建设等领域的全方位帮扶，脱贫攻坚战取得实质性进展，为全面建成小康社会、开启中国式现代化新征程补齐发展短板。

从覆盖人口来看，脱贫攻坚是实现全体人民共同富裕的重要指征。脱贫攻坚既是全面建成小康社会的底线任务，也是作为拥有超过 14 亿人口的大国逐步走向共同富裕的内在要求。"先富带后富"并不是以平均数代替大多数，也绝非贫困人口的"数字小康""被小康"，而是要建成惠及全体人民共同富裕的小康社会。党的十八大以来，面对人口规模巨大的发展现状，党中央从国情出发，将扶贫与"扶志""扶智"相结合，以"造血式"扶贫激发贫困群众脱贫致富的内生动力。从"扶志"来看，调动贫困群众的主观能动性，避免短期脱贫后的再度返贫。在这一点上，国家通过组织党员干部、致富能手、脱贫模范等方式加强正面宣传和榜样示范，以现代理念引导贫困群众走出贫困文化困境。从"扶智"来看，培养贫困群众的核心竞争力，彻底摆脱"等、靠、要"的精神贫困。通过加强职业技能培训，组织就业与创业帮扶、搭建信息交流平台等方式，实现"扶智"的精准帮扶，切实解决人口规模巨大但能力不足的发展现状，逐步实现全体人民共同富裕的现代化。

从区域发展来看，脱贫攻坚是缩小城乡发展势差的核心之举。全面建成小康社会，发展区域要全面。习近平总书记以"人民美好生活的需要"和"不平衡不充分的发展"阐述当前社会的主要矛盾。面对城乡之间、区域之间发展仍面临不平衡、不可持续的问题，如何缩小城乡发展势差以实现人与自然的和谐共生，增强东西地区之间、城乡发展之间、产业融合之间的正向反哺是探索中国式现代化道路必须回答的显性问题。因此，脱贫攻坚作为全面建成小康社会的底线任务，是缩小城乡发展势差的核心之举。城市方面，行公平正义之举。通过拓宽就业渠道、扩大就业机会、动员社会力量等方式加大协同帮扶力度，为贫困群众谋求更多的发展空间和脱贫机会。对于城市困难的失业者、因病伤残者、妇女儿童等弱势群体，以扩大社会救助、配套社会福利等兜底性措施进一步完善社会保障。农村方面及贫困偏远地区方面，行脱贫致富之义。要因地制宜、因时制宜地探索适合当地发展的特色发展道路。例如，在少数民族地区培育民族特色优势产业；在革命老区完善基础设施建设、实施生态扶贫；对于一些信息极度闭塞、环境极度恶劣的偏远地区，实施易地搬迁脱贫等举措打通脱贫"最后一公里"。较新数据表明，2021年城乡居民人均可支配收入之比为2.50，较之2012年下降0.38，城乡居民收入相对差距持续缩小，人与自然和谐共生的现代化正全面推进。

三、为世界减贫事业贡献出中国智慧

在破解全球贫困问题方面，中国提出精准扶贫、精准脱贫战略，探索出一条经济建设和人的发展相融合、摆脱贫困与振兴乡村相协调的特色减贫道路，为解决世界贫困人口的深度脱贫贡献了中国智慧。

　　脱贫攻坚的中国智慧如何体现？一是彰显中国特色社会主义的制度优势。在贫困治理方面，建立健全兜底帮扶和引导脱贫的双重保障机制，不断发挥社会主义制度的巨大优势。二是形成中国共产党领导的省市县乡村五级书记抓扶贫的大治理格局。党的坚强领导实现了国家从一穷二白、温饱小康再到美好生活的跨越，其发展目标、顶层设计、组织建设是彰显党组织领导力的重要维度，尤其是五级书记抓扶贫的组织优势，实现了层层落实脱贫攻坚战的实质性推进。三是突出"以人民为中心"的理念。中国始终坚持"以人民为中心"的发展理念，坚持保障和改善民生，注重激发脆弱群体脱贫发展的内生动力，引导贫困人口从"助我脱贫"到"我要脱贫"的理念转换，为提升反贫困治理效能奠定坚实基础。四是嵌入互联网高新技术的方法优势。在工作方法上，借助媒体大数据平台对贫困人口的识别定位、脆弱群体画像分析、个性化定制脱贫方案等，因循发展规律提升施策效能，以技术赋能高质量推进脱贫攻坚。

　　随着脱贫攻坚的彻底胜利，绝对贫困在中国历史舞台上正式落幕。一方面，作为世界上规模最大、人口最多的发展中国家的中国，超预期达到《联合国2030年可持续发展议程》提出的减贫目标，创造了有史以来人类减贫史的中国奇迹，为全球各国贫困人民提振了脱贫信心；另一方面，科学社会主义在21世纪的中国焕发生机与活力，为全体人民走向共同富裕开辟人类新道路。走向现代化是各国人民追求美好生活的普遍愿望，也是世界各国发展的必然趋势，但道路并非只有一条。脱贫攻坚的全面胜利推动中国式现代化站上新的历史起点，中国以"一带一路"倡议为契机，将本国的实施方案和减贫经验同沿线各国分享，向世界发展提供公共产品和服务，为全球贫困治理和国际反贫困事业贡献了中国智慧。

第三节　农业农村现代化

　　中国共产党对农业农村现代化的认识来源于各个时期的伟大实

践，来自与中国实际相结合的理论创新。在实践中，党深化了对农业农村现代化的认识，验证了推动农业农村现代化道路的科学性与正确性，形成了具有中国特色的农业农村现代化发展思想。

一、以变更土地所有制为基础

农业农村现代化发展的关键就是土地问题。革命时期，党认识到只有消灭封建土地制度才能获取发展农业的条件。建党伊始，中国共产党就力求通过明确土地所有权归属的问题来推动农业农村现代化的发展。中共一大明确提出没收土地归社会公有。经过实践探索，党的土地政策从"没收一切土地"转变为"没收一切公共土地及地主的土地"，明确了土地革命是要推翻封建地主土地所有权。党通过革命、立法等形式消灭了封建生产关系，使中国农村的土地制度实现了最彻底的变革，从根本上破除了束缚农业现代化发展的桎梏。中华人民共和国成立后，建立在土地农民私有基础上的小农经营，因其先天具有分散与脆弱的特点，并不能使得农业走向现代化道路。因此，使土地农民私有变集体公有成了当时农业农村现代化的必然选择。此后的农村生产经营体制改革及土地三权分置等，都是对土地集体所有制实现形式的积极探索。土地集体所有制的确立、巩固和发展，为农业农村现代化提供了坚定的保障。

二、公有制下以家庭经营为主体

在推进农业集体化的进程中，我们初期忽视了家庭是农业生产经营的主体这一问题。过高层次的农业经营模式，超越了历史发展的阶段，将原本的经营主体模糊化，使得在各项社会条件无法支撑更高层次的农业经营模式下，农民的利益被忽视。改革原有经营模式、更大程度放活农村生产力，是党农村工作中亟须解决的关键问题。改革开放后，由农民自发探索到党中央鼓励支持的家庭联产承包责任制在全国农村推行。它在坚持土地集体所有的基础上，明确了农民对土地拥有使用权、收益权以及经营权。这一源自中国农民的"伟大创举",也让党深刻认识到"分散"经营是符合中国实际的农业生产经营方式。这一认识的深化,保障了农民利益,极大地释放了其生产积极性,推动了农业农村现代化的发展。

三、以城乡融合发展为动力

未被协调好的工农发展关系使得农业长久持续地支持工业发展,却很少分享工业化带来的进步,这一畸形的发展模式使得城乡形成了割裂发展的二元结构。随着社会主义工业化的顺利发展,城乡发展问题必须适时做出调整。进入新世纪,党陆续出台各项反哺农村的惠农政策,构建起了以工促农、以城带乡的城乡融合发展模式。户籍制度的改革,为农村剩余劳动力向城镇转移打通了道路,为农业农村进一步发展提供了空间;农业税的全面取消,减轻了农民负担、增加了农民收入,对城乡统筹发展产生了重要意义;社会主义新农村的建设,完善了农村基础设施、提升了农村基本服务水平、缩小了城乡发展的差距。在政策红利下富起来的农民形成了规模巨大的需求市场,这为农业农村发展提供了巨大的内生动力。从党对城乡融合、工农互促深化认识中可以看出,城乡融合发展是推动农业农村现代化的重要动力源泉。

四、实现"乡村振兴"战略目标

党在胜利完成脱贫攻坚的基础上提出了"乡村振兴"战略,并将其总要求明确为"产业兴旺、生态宜居、乡风文明、治理有效、生活富裕"。这五点总要求深刻回答了何为"乡村振兴"中的农业农村现代化。"产业兴旺"是新背景下实现农业现代化发展的首要任务,只有发展壮大农村产业,才能为农村经济发展注入活力,为农业现代化发展提供动力;"生态宜居"是农村现代化发展的内在要求,党提出的"完善农村基础设施建设,改善农村人居环境",

与这一要求完美契合。农民是推动农业农村现代化发展的主体，在推动"产业兴旺、生态宜居"等基础上，实现农民"生活富裕"与加强农村"乡风文明"建设，是推进农业农村现代化发展的重要环节。党中央提出"要提高农民科技文化素质，推动乡村的人才振兴"，以此促进农民实现向"新农人"的现代化转型。在农村治理方面，"党委领导、政府负责、民主协商、社会协同、公众参与、法治保障、科学支撑"的社会治理体系，促进了农村治理体系与治理能力的现代化。

第二章　乡土景观规划设计

不同学科和领域研究的角度不同，造成了乡村景观概念的多元化。从景观规划专业的角度来看，乡村景观是相对于城市景观而言的，两者的区别在于地域划分和景观主体的不同。从城市规划专业的角度来看，乡村是相对于城市化地区而言的，是指城镇（包括直辖市、建制市和建制镇）规划区以外的人类聚居地区（不包括没有人类活动或人类活动较少的荒野和无人区）。乡村景观是乡村地区人类与自然环境连续不断相互作用的产物，包含了与之有关的生活、生产和生态三个层面，是乡村聚落景观、生产性景观和自然生态景观的综合体，并且与乡村的社会、经济、文化、习俗、精神、审美密不可分。其中，以农业为主的生产性景观是乡村景观的主体。

乡村景观的发展通常分为三个阶段，即原始乡村景观、传统乡村景观和现代乡村景观。从根本上讲，原始乡村、传统乡村是一个自给自足、自我维持的内稳定系统，人地矛盾尚不突出，乡村景观是在人类与自然环境的相互作用中自然形成的，还谈不上规划。目前，我国正处于由传统乡村景观向现代乡村景观的转变过程中，人地矛盾突出，需要通过合理的规划进行有效的资源配置。

乡村景观规划应该是应用多学科的知识对乡村各种景观要素进行整体规划与设计，保护乡村景观完整性和文化特色，营造良好的乡村人居环境，挖掘乡村景观的经济价值，保护乡村的生态环境，实现乡村生产、生活和生态三位一体的发展，即促进乡村的社会、经济和环境持续协调发展的一种综合规划。

第一节　乡土景观规划设计基本理论

一、乡土景观规划设计的程序

(一) 确定乡土景观规划范围，明确规划任务

根据乡土景观的基本特征以及景观规划的完整性和一体性，对县级建制镇以下的广大农村区域所做的景观规划皆属于乡土景观规划的范畴，其具体范围一般为行政管辖区域，也可根据实际情况，以特定流域或特定区域作为规划范围。

按照规划任务可分成六类，具体包括：

(1) 乡土景观综合规划设计；

(2) 以自然资源保护为主的规划设计；

(3) 以自然资源开发利用为主的规划设计；

(4) 农地综合整治规划设计（农地整理规划设计）；

(5) 乡土旅游资源的开发、利用和保护的规划设计；

(6) 乡土聚居和交通的规划设计。

(二) 乡土景观类型与利用状况调查与分析

乡土景观类型与利用状况调查分析，既是乡土景观合理规划的基础，又是乡土景观规划的依据。在进行乡土景观规划时，乡土景观类型与利用状况调查分析是一项重要的内容，需要从下面六个方面入手分析。

1. 乡土景观资源利用状况调查分析的资料收集

进行乡土景观规划及乡土景观资源与利用状况调查分析，需要收集大量的基础资料。主要有以下四个方面的内容。

(1) 土地利用现状与历史资料，包括土地利用现状调查与变更

数据、土地利用现状图、农村土地权属图、土地利用档案及各类土地利用专项研究资料和报告等。

（2）乡土景观资源构成要素资料，包括区域地理位置、土壤资料、植被资料、气象气候资料、地形地貌资料、水文及水文地质资料、自然灾害资料、地质环境灾害资料、矿产资源及其分布资料等。

（3）人文及社会经济资料。人文资料包括文化、风俗和人文景点分布与相关背景材料；社会经济条件资料包括行政组织及沿革，人口资料，国民经济统计年鉴，上位、本体及下位国民经济及社会经济发展计划，经济地理区位与交通条件，村镇分布与历史演变，水土资源和能源开发利用资料等，同时还包括经济发展战略、经济发展水平、主要工农业产品产量与商品化程度、人均收入水平、教育水平以及在区域经济中的地位等。

（4）相关法规、政策和规划，包括国家和地方与乡土资源开发利用管理相关的法律政策规定、国土规划、土地利用规划、村镇规划、各类保护区规划及其专项规划等。

2. 乡土景观类型、结构与特点分析

（1）乡土景观类型与结构。在基础资料收集的基础上，辅之以区域路线调查和访谈，详细掌握规划区域乡土景观的类型，包括乡土自然资源、人工景观资源和文化资源的类型，并分析其数量、质量和价值以及在空间上的表现形态等。

（2）乡土景观资源的特点。根据自然、社会经济、文化等层面的宏观分析，明确乡土景观资源的优势、分布与开发利用前景，同时分析乡土景观资源开发利用中的问题，以及对乡土景观可持续利用管理、乡土人居环境改善、自然保护等的限制作用，其中着重强调现有乡土景观利用行为对乡土景观资源保护与升值的破坏作用。

3. 景观空间结构与布局分析

分析时可以采用两种方式：一是按照景观斑块—廊道—基质模

式分析；二是按照乡土景观资源，特别是土地利用的空间与布局分析。

（1）景观斑块—廊道—基质模式。景观斑块—廊道—基质模式，主要利用景观单元的划分标准，调查分析规划区域内的斑块和廊道的类型、性质与空间格局和分布状态，以及与基底的相互作用关系，为诊断景观敏感区域、类型和景观过程提供依据。

（2）土地利用的空间结构与布局分析。可按照土地利用现状分类，对规划区域内的土地利用类型、数量、比例和空间结构进行分析，主要包括对耕地、园地、林地、牧草地、居民点及工矿用地、交通用地、水域和未利用土地的分布特点与利用状况，以及进一步开发利用和保护的潜力进行分析，为规划区域土地利用问题的诊断提供科学依据。

4. 景观过程分析

景观过程是在时空尺度范围内景观中的各种生态过程，它对景观格局变异、景观主体功能具有强烈影响。按照景观功能的人文干扰、生态和文化因素，可将景观过程分为景观破碎化过程、景观连通过程、景观迁移过程、景观文化过程和景观视觉过程。

（1）景观破碎化过程。景观破碎化过程主要指人类活动对景观干扰所引起的景观破碎化的一种过程。人类活动，如公路、铁路、渠道、居民点垦殖的大规模活动，以及森林采伐等都是引起景观破碎过程的诱因；同时自然干扰，如森林大火，也是引起自然景观破碎的因素之一。如今，景观破碎过程主要由人为因素引起，它对区域的生物多样性、气候、水平衡等产生了巨大的影响，也已成为引发许多生态问题的主要原因之一。景观破碎化过程包括地理破碎化和结构破碎化两种过程，可以在同一比例尺下或同一景观分类标准下，根据不同时段的景观图，采用多种景观指数进行综合分析。在此基础上，可以根据不同景观类型的性质，分析景观破碎化过程对规划社区景观结构和功能的影响。

— 15 —

（2）景观的连通过程。从对景观均质性的影响而言，景观连通过程是与景观破碎过程相反的一种过程。景观连通过程对景观的经济、生产和生态功能具有重大作用，与景观破碎化有相同或相似的功能效应。景观的连通过程可以通过结构连接度和功能连通性的变化进行诊断。结构连接度是斑块之间自然连接程度，属于景观的结构特征，可以表示景观要素，如林地、树篱、河岸等斑块的连接特征；功能连通性是量测过程中的一个参数，是相同生境之间功能连通程度的一个度量方法，它与斑块之间的生境差异呈负相关。景观通过斑块的连通性变化，在某些情况下，能引起景观基质的变化，可以逆转区域生态过程，甚至产生重大的环境影响。

（3）景观的迁移过程。迁移过程包括非生物的物流、能流和动物流三个过程。物质迁移过程包括土壤侵蚀和堆积、水流、气流等多种过程，诊断物质迁移的主要过程，并对引发迁移的影响因素和过程机制进行分析，可以有目的地了解物质迁移过程对景观功能和空间布局的负面影响，并提出相应的乡土景观规划对策；能量迁移过程是能量通过某种景观物质迁移而发生的流动过程。分析景观资源中潜在的能量以及释放或迁移方式，对于化害为利具有重要的价值。生物的迁移过程包括动物的迁移和植物的迁移，是景观生态学的重要研究内容，在自然保护区的规划设计中必须对动物的迁徙和植物的传播过程、途径进行深入的研究，为保护生物栖息地和迁移廊道提供科学依据。

（4）景观的文化过程。正如"破坏性建设"对风景旅游区的价值破坏一样，在乡土景观更新过程中，对乡土文化人为的割裂和破坏已经达到相当严重的地步。我国乡土文化源远流长，而且随地域不同呈现出不同的文化和风俗，具体体现在区域的文物、历史遗迹、土地利用方式、民居风貌和风水景观上。通过调查分析和访谈发现具有当地地方特征的上述乡土文化和风俗的表现形式，有意识地在乡土景观规划中保护并结合乡土景观更新进行科学的归纳和抽象加工（乡土景观规划意象的初步阶段），按照与时俱进和保护发展乡土文化的基本原则，以适当的形式在景观规划中进行表达，对于体现乡土景观的地方文化标志特征，增加乡土居民的文化凝聚力和提高乡土景观的旅游价值具有重要的作用。

（5）景观的视觉知觉过程。人们在摆脱物质贫乏阶段后，对人居环境的要求越来越高。在以往的建设和生产中，由于不注重环境美学的研究，"视觉污染"相当严重。为了消除"视觉污染"，同时避免在乡土景观更新中产生新的"视觉污染"，对乡土景观美学功能形成损害，必须对乡土景观的视觉知觉过程进行分析。在景观规划发展中，目前已经发展了一套关于景观视觉知觉过程的原理及方法体系，如景观阈值原理和景观敏感度等，为在乡土景观规划设计中充分发挥景观的美学功能提供了科学的方法支持。

5. 乡土景观资源利用集约度与效益分析

乡土景观资源利用集约度与效益如何，是衡量乡土景观资源开发利用程度的重要指标，可以针对乡土景观资源生产、生态、文化和美学的潜在功能的发挥程度和效益，借助投入产出等经济学方法进行分析。

（1）乡土景观资源利用集约度分析。从经济学角度出发，资源利用的集约度是指单位面积的人力、资本的投入量，对于文化和美学资源还包括土地投入量。针对农地资源，特别是耕地资源，其集约利用度可以从机械化水平、水利化水平、肥料施用量、劳力投入量等方面来衡量，对于文化和美学资源利用集约度可以用区域文化和美学资源的开发投资强度来反映。

（2）乡土景观资源利用效益分析。乡土景观资源利用效益主要包括经济效益、社会效益和生态效益。乡土景观资源利用的经济效益是指景观资源单位面积的收益；乡土景观资源利用的社会效益可以通过乡土景观资源利用为社会提供的产品和服务量进行定量或定性分析；乡土景观资源利用的生态效益，可分析乡土景观资源利用对生态平衡维持和自然保护所造成的正面或负面影响程度，用水土流失、沼泽化、沙化、盐碱化、土地受灾面积的比例变化定量描述，同时也可利用一般性原理解释一种利用方式对生态影响的机制，来进行定性描述。

6. 乡土景观资源利用状况评述

通过乡土景观资源利用状况评述，总结乡土景观资源利用的演变规律利用特征，以及利用中的经验教训、存在的问题和产生的原因，并提出合理利用乡土景观资源的设想。其主要内容包括基本情况概述，如自然条件、经济条件、文化风俗、生态条件等；乡土景观资源利用的特点与经验教训；乡土景观资源利用中的问题；乡土景观资源利用结构调整的设想；维护、改善或提高乡土景观资源生产和服务功能的途径；提高乡土景观资源综合利用效益的建议等。

（三）乡土景观评价

乡土景观评价是乡土景观规划设计的基础和核心内容，贯穿整个乡土景观规划设计的过程，而其根本任务是建立一套指标体系，对乡土景观所具有的经济价值、社会价值、生态价值和美学价值进行合理评价，揭示现有乡土景观视中存在的问题和确定将来发展的方向，为乡土景观规划与设计提供依据。按照其评价目标，乡土景观评价主要包括土地生产潜力与适宜性评价、乡土聚落与工业用地立地条件评估、乡土景观格局评价、景观生态安全格局分析、景观美学质量评价、景观阈值评价、景观敏感度评价、景观视觉质量评价等。下面选取两个评价方面进行阐述。

1. 乡土景观视觉质量评价

乡土景观视觉质量评价包括以下五个部分：（1）根据景观单元的相似性（土地利用、高度和坡度等），利用 RS 对研究区域进行景观分类；（2）对每一个景观单元的主要土地利用方式进行拍照；（3）通过观察者的偏爱调查，评价景观的美景度；（4）在对相隔一定距离的风景视觉质量进行度量后利用绝对或额定变量对每一图像中出现的景观属性和要素的强度进行评价；（5）通过逆向解释各变量，获得每一要素对景观视觉质量感知所起的作用。

一般认为，人造特征和荒芜程度在决定乡土景观的视觉质量中起着关键的作用。当人造特征是景观视觉质量中最重要的要素时，规划时应考虑这些要素对景观的影响：一些维持产量的土地，其景观质量较低，但与荒地相比还是美的。对于农业景观，植被的比例和色彩对比是影响景观视觉质量的两个因素。作物的多样性越低，或农业景观的同质性越高，其视觉质量越低；相反，作物较多时，其视觉质量较高。

乡土景观视觉质量评价有助于乡土开发建设的决策制定。通过评价和比较，选择适合的开发建设场地，从而保护原有的乡土景观风貌。

2. 景观敏感度评价

景观敏感度是景观被注意到的程度的量度。景观敏感度是景观的易见性、可见性、清晰性、景观醒目程度等的综合反映，与景观本身的空间位置、物理属性等都有密切关系。

景观敏感度评价过程一般分别以主要观景点和观景路线（包括现有的和可能开设的）作为基点和基线进行评价。其通过相对坡度、相对距离、出现概率和醒目程度四个因素对景观敏感度进行度量和分级：（1）相对坡度。当观景者与景观的相对视角越大，景观被看到的部位和被注意到的程度越大。在垂直视角和水平视角都在30°的视阈内，景观最为清晰，也最引人注目。（2）相对距离。景观与观景者的相对距离越近，景观的易见性和清晰度就越高，人为活动带来的视觉冲击的可能性也就越大。（3）出现概率。在观景者视域内，景观出现的概率越大或持续的时间越长，景观的敏感度就越高，则景观及其附近的人为活动可能带来的冲击也就越大。（4）醒目程度。景观的醒目程度主要由景观与环境的对比度决定，包括形体、线条、色彩、质地及动静的对比。对比度越高，景观敏感度也就越高。

敏感度综合分级分布包括一级敏感区（近景带）、二级敏感区（中景带）、三级敏感区（远景带）和四级敏感区（不可见区域），景观敏感度依次呈递减的趋势。

除上述一般性的乡土景观评价内容以外，在乡土景观规划设计中有时还会涉及特殊景观资源的评价和保护。特殊景观资源是指具有特殊保护价值的文化景观和自然景观，包括具有历史文化价值的文化遗迹以及具有潜在科学和文化价值的地质遗产、不同保护级别的自然景观等。对规划区的上述特殊景观资源进行分类整理、分析和评价，以及对乡土景观更新中对其价值所造成的冲击的分析，是乡土景观规划设计中不可或缺的一些评价分析内容。对特殊景观资源的评价分析区别于其他景观资源的评价方法，一般可由专家定性完成，对于乡土景观更新中的特殊资源的冲击评价，可采用环境影响评价的流程完成。

（四）乡土景观规划设计

针对我国乡土现存的资源利用不合理、生活贫乏、聚落零散等问题，我国乡土景观综合规划一般涉及乡土景观整体意象规划、乡土景观功能分区、乡土产业地带规划这三个方面。同时，可视具体情况，进行乡土景观的专项规划设计，如乡土聚落规划设计、交通廊道设计、自然保护区的规划设计、田园公园的规划设计、农地粮地规划设计等。在上述基础上，按照规划任务，设计不同的规划设计目标，进行多方案设计。

1. 乡土景观整体意象规划

所谓"意象"是指人们对客观事物的认知过程中，在信仰、思想和感受等多方面形成的一个具有个性化特征的意境图式，可分为原生意象和引致意象。在乡土景观规划中引入意象的概念，作为乡土景观综合规划的一个重要层次，对乡土景观规划进行整体意象规划，主要是体现乡土景观规划的个性化、地方化和社会性。因此，从这层意义上来讲，乡土景观整体意象规划是乡土景观规划的基础，同时也是使乡土景观规划适当、准确、标示性强的主要步骤。对于乡土景观比较有地方色彩和个性化，或具有特殊保护价值的乡土景观资源的乡土区域，在乡土景观规划中要紧紧围绕具有地方性和个体性自然及人文景观，按照主题鲜明和整体协调，以及保护传统景观资源的基本原则，进行乡土景观整体意象的规划设计；在缺乏地方性和以现代景观为主的乡土区域，在乡土景观整体意象规划中，要从地方文化、风俗等演变历史过程中，寻找能够代表区域地方性和个体性特点的景观意象，充分发挥人的景观创造性，设计具有地方性、时代性、先进性、生态性和较高美学价值的乡土景观。

2. 乡土景观功能分区

乡土景观功能分区是在乡土景观资源环境调查、评价的基础上，以景观科学理论为依据，以景观过程分析为核心，以景观规划设计技术系统为支撑，以乡土人居环境建设为中心，以乡土可持续发展为目标，研究确定乡土景观的总体特征、总体格局和发展方向，并对乡土景观资源环境的功能和更新方向进行区划。具体地说，乡土景观功能分区过程是一种在不同空间尺度上，对乡土景观类型、景观价值，景观中人类活动特征、存在问题，景观资源的开发利用方向和方式，景观问题解决的途径，景观未来的演变趋势等，进行综合归并后，将资源基础、人类活动特征、存在问题与解决途径、未来发展方向相同或相似的景观类型在空间上进行合并，形成具有相同景观价值与功能的景观区域的过程。依据乡土景观中存在的问题和解决途径以及乡土可持续发展体系建设的原则，一般可将乡土景观划分为四大区域，即乡土景观保护区、乡土景观整治区、乡土景观恢复区和乡土景观建设区，并可依据实际情况划分亚区，如乡土景观保护区内可划分为基本农田保护亚区、湿地保护亚区、天然林保护亚区和古迹保护亚区等。

— 21 —

乡土景观功能分区设计是乡土景观综合规划的重要环节，乡土景观功能分区也是乡土景观规划的重要成果。它具有在空间上控制乡土景观维护和更新的方向、任务的功能，同时也可为乡土景观规划设计的细化和完善提供空间控制基础、规划用途的管制规则、景观问题解决途径等。

3. 乡土产业地带规划

根据我国乡土区域的经济功能（含第一、第二、第三产业），乡土区域内的人类行为主要包括农业生产、采矿业、加工业、游憩产业、服务业和建筑业六大行为体系，具体有粮食种植、经济作物种植、养殖（水产畜牧）、地下开采、露天开采、农产品加工、重化工业、机械加工制造、建筑材料工业、大型工厂建设、乡土野营、游泳、划船、骑马、自行车野外运动、高尔夫运动、登山、滑雪、自然探险、生活体验、风俗民情旅游、古聚落旅游、农产品销售市场、公共交通服务、零售服务、住宿服务、餐饮服务、居民住宅建设、乡土公园建设、乡镇规划等行为。

针对规划区域，首先，应该根据当地社会经济发展战略，对社会经济发展水平、技术条件和景观资源的禀赋，进行市场调查和科学分析，在保护和合理开发乡土景观资源，并确保可持续利用的前提下，确定规划区域产业发展规划设想；其次，依据各产业对景观资源条件和属性的需求，进行适宜性评价，确定各产业适宜性地带；最后，依据各产业发展目标、先后次序和适宜程度，确定乡土产业地带规划。

在进行上述综合层面规划的基础上，可视具体情况，进行乡土景观的专项规划设计，如乡土聚落规划设计、交通廊道设计、自然保护区的规划设计、田园公园的规划设计、农地粮地规划设计等。在规划过程中，可根据任务要求和区域具体情况，设定不同的规划设计目标，进行多方案设计。

（五）乡土景观规划设计方案的优选

按照不同的要求和目标，进行多方案设计是获取切实可行和合理的乡土景观规划设计的重要步骤，同时也是面向社会各阶层修改乡土景观规划设计方案的基础。多个乡土景观规划设计方案的优选一般会通过环境影响评价、经济评价、公众参与这三个过程来进行。

1. 环境影响评价

鉴于社会经济发展过程中所带来的环境问题，国际上非常重视规划和工程设计的环境影响评价，以免人类对资源的利用行为对环境产生严重的负面影响。随着人为造成的生态环境恶化情况不断发生，我国政府已经非常重视生态环境保护与建设，并颁布法律规定规划和工程设计必须进行环境影响评价。环境影响评价可以针对规划区域的特点，以及乡土景观规划中的景观更新方案，针对景观单元本身和周围生态环境影响，以及对生物和景观多样性、栖息地保护、地质环境、独特自然景观的影响，建立评价指标体系，采用定量评价方法，评价规划设计方案的环境影响程度，回答规划设计方案对环境影响的大小，以及对生态环境改善的促进作用等，为决策层和公众选择规划设计方案提供科学依据。

2. 经济评价

经济评价是乡土景观设计可行性分析的主要内容。乡土景观规划设计方案的经济评价包括以下方面：首先，要对按照规划设计所拟进行的景观更新的成本和费用进行预算；其次，采用经济分析方法，如投入—产出法、费用效益分析法等，对投资回收期、产投比等进行分析；最后，还必须对乡土景观规划更新费用的融资渠道，以及当地政府和居民的承担能力进行分析。综合上述分析结果，提出不同乡土规划设计方案的经济可行性。

3. 公众参与

由于规划的实施主体为规划区域民众，如果规划设计过程中没有当地民众的广泛参与，以及规划方案没有得到公众的认同，乡土规划设计方案也就丧失了整体实施的基础，即使能够得以实施，其效果也不会很理想。从国际趋势来看，公众参与是任何规划设计中的一个必要的步骤，已成为规划设计方案得到广大民众支持，以及不断修改完善的重要手段。从目前我国农村的基本状况而言，可采用国际上通行的农民参与式方法，通过规划设计人员与不同层面农民交流方式，培养农民的认知和问题发现能力，以便提出切实可行的规划修改意见，最终达到对优化规划设计的认同。

通过上述三个过程，对多个规划设计方案进行优选，并付诸实施。

（六）乡土景观规划实施与调整——规划实施的动态反馈

根据规划内容确定实施方案，使规划得以全面实施。在实施过程中，根据客观情况的改变，以及规划实施中新问题的出现，为了保证规划设计的现时性，需要在不破坏原有方案的基本原则下，对原规划方案进行一些修正，以满足客观实际对规划的要求。

二、乡土景观规划设计的方法

乡土景观规划设计是一个集调查、评价、规划决策和工程设计于一体的系统工程，需要多部门、多学科和多时序共同合作，并采用科学的技术流程和先进的分析、评价、决策方法才能快速有效地完成。

（一）乡土景观资源调查、评价与分类制图

1. 乡土景观资源遥感调查

乡土地区土地覆被的类型和空间分布是乡土景观规划设计中的

主要基础数据。目前，利用遥感获取数据已经成为上述数据获取的重要手段，同时辅之以其他信息源。利用遥感手段也可间接地获取乡土景观要素数据。在乡土景观资源遥感调查中，一般按照乡土景观资源分类、资料准备、建立解译标志、野外校核、遥感制图等程序进行，解译方法有人机交互解译、计算机自动解译等。

2. 专业补充调查

在收集相关资料，如土地利用、植被、水文、水文地质、农业、林业、牧业、交通运输等资料的基础上，为保证调查精度和保持资料现时性，一般视情况需要进行专业补充调查，并在原有图件基础上，进行更新建库。

3. 获取相关资料

进行乡土景观规划设计，需要大量的社会经济、文化和风俗方面的资料，而这些资料往往需要通过调查获得。一般通过农户调查和访谈等方法获取第一手资料，然后通过系统整理抽取有用的数据。

4. 进行相关类型评价

乡土景观资源评价是乡土景观规划设计的基础。根据规划区域的特点和规划设计的任务，确定乡土景观资源评价的内容和类型。按照乡土景观资源评价的类型，以及资料占有情况，设置评价指标，选择评价模型和方法，在计算机辅助下进行评价，制备单一评价类型的评价图。同时，按照一定的方法（如评价等级数量转换和设置权重），将多个单一评价类型的评价结果进行叠加，形成乡土景观资源的综合评价图。

5. 建立乡土景观资源调查评价信息管理系统

为了便于乡土景观资源调查评价信息的管理和耦合，在地理信息系统和数据库系统的支持下，建立乡土景观资源调查评价信息管理系统。

（二）分析与综合方法

乡土景观规划设计相关数据、资料的分析和综合过程，是通过一定的方法对原始数据进行分析和综合，抽取对规划设计直接有用数据的一种过程。分析和综合方法有定性、定量和动态分析方法。乡土景观规划的分析和综合方法有空间统计学方法、系统动力学方法、因果分析方法、聚类分析、因子分析主成分分析、预测方法、模糊综合评判、逻辑推理等。

空间统计学方法包括空间自相关分析、半方差分析、趋势面分析等。由于乡土景观规划设计涉及景观格局演变分析，空间统计学方法已经成为景观动态格局变化和过程分析中一类主导方法。

系统动力学和因果分析方法对于定性和定量分析景观资源系统和社会经济系统中的各子系统和要素之间的关系以及过程具有重要价值，有助于系统的辨析和主导问题的发现。而聚类分析、因子分析和主成分分析可以定量地分析区域系统演变的主导因素。

预测方法在分析规划区域人口、土地生产能力、社会经济发展前景、土地覆被动态变化情景中具有重要的价值。预测方法包括分解法、外推法、专家预测、模拟仿真和组合预测等类型。特别值得一提的是，马尔科夫链预测方法已经在景观动态预测中得到广泛应用。

（三）规划决策目标拟订

规划设计是为了实现既定目标。规划决策目标对整个规划设计具有重要的作用：一是标准作用，规划设计的优劣以规划决策目标是否实现作为衡量标准；二是导航作用，明确目标对于规划设计技术路线的制定具有指导作用。

因此，切合实际地确定规划决策目标事关规划设计的成败。第一，依据实际情况确定规划决策目标，而且需要进行多方面论证和数理分析；第二，规划决策目标要明确，避免歧义，尽可能实现规划决策目标数量化；第三，从整体上把握规划决策目标等。

（四）建立辅助决策数学模型

在乡土景观规划设计中，针对规划目标、类型和相关内容，建立辅助决策数学模型。目前，常用的辅助决策数学模型有空间分配模型、优化模型、网络模型、决策模型等。

（五）可供选择的规划设计方案拟订、评估和优选

乡土景观规划设计属于多目标的规划设计，是根据对各个目标安排的次序和优先实现程度，制定规划设计流程和规划设计方案，在此基础上，通过公众参与、专家咨询、经济评价和环境影响评价等过程，采用淘汰法、排队法或归纳法进行评估和优选，提供给决策者进行决策。

第二节　乡村聚落景观规划设计与实践

从地域范围来看，乡村聚落景观泛指乡村、郊区、野生地域等城市景观以外的景观空间。从景观构成上来看，主要由自然景观、聚落景观、产业观、民俗景观、文化景观等构成。乡村聚落景观与城市聚落景观相比，存在民族性、地方性和传统性的差异，主要表现在具有自然属性强、受干扰度低、土地利用粗放、人口密度小、农业景观为主和田园般生活方式等特点。乡村聚落景观不仅具有生产、经济和生态价值，也具有娱乐、休闲和文化等多重价值，乡村景观演变发展的历史都浓缩地展现在乡村聚落景观上。传统的乡村聚落景观主要由物质和精神两个层面构成。所谓物质层面，主要包含乡土建筑、田园山水、聚落形态等方面；精神层面则主要包括民俗文化、乡村生活方式等，两者的有机结合构成了优美的传统乡村聚落空间环境景观。

结合研究内容，本书研究的乡村聚落景观是以农业为主，在自

然环境基础上建立起来的以人为核心的自然、经济、社会复合生态系统。乡村聚落景观是乡村景观的重要组成部分，大小不同的聚落景观分布在乡村景观空间中，农田景观、果园景观和自然环境围绕着乡村聚落景观。从系统论的角度来讲，乡村聚落景观包含区域乡村聚落景观、中心乡村区域景观、群体乡村聚落景观和单个乡村聚落景观。如果把每个层次都视为一个系统，乡村聚落景观系统就是包括四个体系在内的景观大系统，每个系统又由自然、经济、社会等子系统构成。聚落景观既受自然环境的影响，又受当地人类活动和经营策略的影响。同时，乡村聚落景观具有地域性、识别性、民族性和传统性等特征。

一、乡村聚落景观规划设计的内容

（一）乡村聚落整体景观格局

随着社会、经济的发展，传统聚落已经无法适应现代生活的要求，面临着更新改建的机遇和挑战。乡村聚落景观空间布局蕴含着点、线、面三个空间要素。所谓"点"，即节点，是乡村聚落景观布局中较为灵活的空间要素，常表现为道路交叉点、古树、文物古迹等；所谓"线"，是指呈线形或带状分布的景观，是乡村聚落景观布局的空间骨架，起到串联景观节点的作用，常表现为交通网、河流小溪、景观林带等；所谓"面"，是乡村聚落中所占面积最大的景观，常表现为集中布局的乡村民居、公共绿地和广场等。

在规划乡村聚落景观时，不能一味地标新立异，也不能完全守旧，应在保留原有聚落的核心特征的基础上，寻求新的突破和发展。德国在这方面有着很多成功的经验，他们在更新景观的规划中非常注重历史文化景观的特性，将传统、现实、未来进行了有机的结合，突出表现在以下三个方面：一是聚落发展和传统土地分配方式相统一；二是将现有建筑与新功能的改建相统一；三是生态环境的修复与未来的建设发展相统一因此，未来乡村聚落景观整体布局上要讲究六个结合：一是自然条件与人类活动相结合，倡导"天人合一"的景观规划思想；二是历史延续与现代发展相结合，强调历史文化和现代理念的高度融合，展现民俗传统在新时期的新内涵；三是生态环境与经济发展相结合，在推动乡村经济产业发展的同时，创造和谐宜人的人居环境；四是总体规划与细部刻画相结合，在改善景观整体风貌和质量的同时，突出细部节点的刻画，增强景观可识别属性；五是物质满足与精神需求相结合，在完善基本生活、生产等基础设施的前提下，着重促进社区、休闲、娱乐等功能的健全；六是政府推动与乡民参与相结合，乡村聚落景观规划是为了增强乡村土著居民对本土文化的认同感、归属感，在政府积极推动规划建设进程中，村民的参与度越高，规划结果的认同度和满意度就越高，乡村聚落的发展也就越好。

（二）乡村建筑

乡村建筑是乡村聚落景观体系中的核心内容，是迎合地域自然环境要求的"地缘性"景观，丰富多彩的乡土建筑无不是当地自然、历史、文化的集中表现。自古以来，乡村建筑的发展往往是以个人需求为主要诱因，缺乏聚落整体规划和长期发展需求的指导，所以始终伴随更新与保护的问题。

1. 乡村建筑的保护

乡土建筑是中华民族文明的缩影，是地域历史文化传承的重要载体，体现了当地居民与自然的和谐统一。保护乡村建筑就是要保留文化的底蕴，保留历史的见证，所以在规划中切忌"重开发、轻保护"，要明白保护和发展是相辅相成的关系。

2. 乡村建筑的新建

新建乡村建筑应是现代科技和地域文化高度融合的产物，在规划中应充分尊重乡村自然机理和乡村居民的意愿，在强调传承文化的同时，突出人居环境和可持续发展理念，体现节能、环保技术，建立生活、生产、服务功能完善，因地制宜、独具特色的新型乡村建筑。

3. 乡村建筑的改建

对乡村建筑的改建着重从特色、功能、安全等方面着手。在整体风貌改建上，要注意保留乡土景观特色，体现地域民俗文化元素，突出建筑体型改造、色彩选择、装饰搭配、材料质感等方面的"地缘性"；在功能上，着重考虑乡村居民的生活、生产要求，注重节能、环保等功能特性；在安全上，全面评估建筑结构稳定性，在改建中着重提高结构耐久度。

4. 乡村建筑的拆除

规划中对于结构、功能、特色等无法通过改建达到未来发展需求的相关建筑予以拆除，减少空屋数量，节约土地。

目前，随着城镇化进程的加快，乡村聚落环境和乡村建筑逐步受到伪城镇化理念的冲击，完全背离乡土地域文化要求，盲目追求现代、时尚的新建筑层出不穷，因此需要我们认真总结国内外乡村聚落景观改造与更新的经验教训，结合新时期发展要求，切实推进乡村建筑的更新与保护。

（三）活动场所

一般认为，社会中人的行动可分为沟通、决策两种行为，而沟通是人们的主要行为动机之一。乡村聚落中的活动场所是农村进行生产生活、参与乡村文化建设的重要载体，是村民进行沟通交流最常见的聚集场所。一般来看，乡村居民的活动通常分为必需性活动和自由性活动。不同需求的活动，自然需要不同功能和形态的场所。

1. 必需性活动场所

所谓必需性活动是指由于生产、生活和人类的基本生理需求而从事的相关活动，是乡村活动中参与人数最多、出现频率最高、最为稳定的活动。主要包括晒谷场等生产劳动场所，宗祠、庙宇等祭祀活动场所，商店、超市、菜市、集市等商业活动场所。布局架构上重视功能分区，形象上要求简洁明快、内容丰富，营造生产生活相得益彰的乡村景观效果。生产劳动场所要紧扣生产主题，强调面积尺寸和交通联系；祭祀活动围绕祠堂、庙宇等活动场所，紧密结合建筑前置场地布局；商业场所以商品销售为目的，分散布局，依托乡村交通网络串联常规经营模式和集市方式。

2. 自由性活动场所

自由性活动更多带有选择性、自发性的特点，主要包括戏台前、广场周围、文体活动室等公共活动场所，古树旁、小溪畔、盆路口等交流聊天场所等。自由性活动场所是乡村聚落信息制造和传递的关键点，是乡村居民交流沟通的纽带。活动场所随人群年龄阶段、选择活动的不同而变化，规划中要加强篮球场、乒乓台、健身房等体育活动设施，广播、网吧、会议室等信息传播设施，图书室、公共绿地、石桌石凳等休闲娱乐设施，戏台前置场地规模等节庆设施的建设。

3. 景观设计

在活动场所布局中要强调自然、历史、现代理念的融合，加强聚落与亭台轩榭、河流湖泊等关键节点的联系，突出乡土文化、传统工艺、民族特色等关键元素的展现，注重保护原有生活、生产方式所遗留的历史痕迹，完善儿童游乐嬉戏场所建设，重点刻画聚落入口（村口）、公园广场等标志性景观。

（四）乡村聚落绿化

乡村聚落绿化是乡村聚落景观的有效补偿形式。传统乡村绿化主要体现人与自然的和谐统一，但由于缺乏科学长远的规划指导，往往处于放任自流的自然形态，绿化覆盖率较低，品质较差，效果不甚理想。新时期乡村聚落绿化被赋予生态环保、产业发展、民俗风情等更多内涵,肩负营造宜人生态环境的重任,未来发展要求以改善乡村人居环境为出发点,以增加农民收入、构建和谐社会为落脚点,在尊重生态、改善环境的基础上,促进人与自然的和谐发展,实现乡村绿化的可持续发展。首先是节约用地、提高绿化率,乡村聚落绿化需要从整体上布局,充分利用现有土地,集约化开垦和种植,切实提高绿化效果;其次是遵循地域环境,选择地方性适生树种,展现地域特色;再次是结合地方产业,倡导以经营果林、苗圃为主体的绿化生产方式,在改善生态环境的同时,提高居民收入水平;最后是结合人文景观特色,建立以突出人文景观特色为核心的绿化模式。

二、乡村聚落景观规划设计的方法

(一) 乡村景观聚落规划设计使用的方法

1. 保护性规划设计的方法

乡村聚落景观保护性规划设计强调的是对乡村聚落千年传承下来的景观进行保护。乡村聚落景观是地域性的概念,包含了自然景观和人文景观,主要内容包括地形地貌、水源水体、生物、当地的历史、文化传统等景观。我国乡村聚落大多处于自然生态环境较好的地带,保护好当地特有的自然环境,才能发挥其地域具有的乡村聚落自然景观的优势。无论是一棵古老的树,还是大片的森林和湿地,都可以作为其地域特色进行传扬,用它们的天然魅力吸引人们。

人类的生活是永远不会离开对物质和精神的需求的。农村的地域性特征是这片土地上的人们经过历史的演变,不断地适应自然而积累下来的综合性的自然文化遗物。因此,乡村聚落景观的保护性规划是美丽乡村景观规划设计建设的起点。乡村聚落景观保护性规划设计的重点主要是保护乡村聚落景观完整的传统形态，原有的生态环境和传统的当地民居、建筑与景观构筑物等。

完整的聚落形态保护性规划设计是对乡村聚落所处的地形地貌和生活环境进行保存及重现，对有些居民已经迁出的但对生态环境影响较大的乡村聚落应该保存其绿地林地等景观生态环境，在此基础上再对其他地方进行改造拆除等；乡村聚落景观中最能体现出地方文化的大多集中在民居建筑的装饰和造型上，因此对具有较长历史、形态结构完整的传统民居应该进行保护而不是拆除，对于历史长远的建筑应当对其采用修旧如旧的设计方法，同时对能够满足人们精神文化而修建的书院、寺庙、祠堂等建筑力求保护。通过对乡村聚落景观保护性规划的方式，建设后的新乡村聚落景观能够展现地域景观的特色，具有差异性而不被同化。

2. 改造性规划设计的方法

乡村聚落景观改造性规划的目的是传承当地的自然和文化特色，使之成为有传统特色的新乡村聚落景观。改造性规划不是随意盲目进行的，而是对整个乡村聚落进行全面的调研后，对实际情况进行分析，并找到地方景观文化的传统元素，是有目的、有计划和系统性的改造性规划设计，改造后的新聚落景观是能够适应当地人生产生活环境和适应农村特有的自然环境的。

在对乡村聚落景观进行改造性规划设计时，要实现乡村聚落景观中的文化脉络在乡村聚落景观中的延续，除此之外，还要清楚农村居民对住宅建筑空间的需求，结合新的生活方式和农业生产方式，正确引入，由此形成对乡村聚落景观合理化的设计：改造性规划设计的重点在于建筑的布局和建筑的设计、院落景观的改造、道路景观的改造及划分出公共建筑用地与广场用地等，并对原有的绿化区域进行整合和基础性设施的完善。

整体性规划改造的原则是以保护性规划为前提，改造聚落中功能布局不合理的地方。在建筑的布局和设计中，新建筑必须与老建筑相和谐，整体建筑群的风格与原有建筑群的风格一致，建筑设计使用现代材料时，必须以保持原有风貌为标准，新的建筑能够有机地嵌入美丽乡村的建筑群中，与原有建筑相融合，同时新建筑的布局和开放空间的控制也与原有聚落相一致、相衔接；院落景观改造是增加院落中的绿化面积，植物方面选用经济、美观、功能都具备的植物，并要考虑居住建筑的通风采光问题；划分公共建筑用地和广场用地时应按照村镇规划用地比例要求，公共建筑风格与当地建筑风格一致，公共建筑用地和广场用地景观与原乡村聚落景观风格一致，以硬质铺地为主，铺装颜色材质与农村环境相适应，可使用代表本地乡土文化的图案铺装；绿化区景观的整治，以保护古树名木为前提，绿化选择上以本土树木和有经济价值的当地农作物为基调，有些富裕的乡村聚落可以拆除重建绿化区，但是整体风格要与原有的景观环境统一，在此基础上进行改造；基础设施规划设计的重点是在充分利用能源的基础上，最大限度地满足农村居民的生活生产需要。通过乡村聚落景观改造性规划设计，新乡村聚落景观能够为居民提供一个更好的生活环境并传承地域景观特色。

3. 创新性规划设计的方法

乡村聚落景观创新性规划设计目的是发扬地域景观的特色。创新性规划设计不是凭空想象，是在原地域文化基础上进行合理的规划设计，是在把握现代农村居民的审美和生活所需的基础上进行的巧妙创新。新乡村聚落景观规划设计，是在保护性规划设计与改造性规划设计的重点的基础上，进行创新性规划设计。创新性规划设计包括民居建筑的创新、农田景观的创新和乡村旅游景观规划设计三个方面。

在未建或者改建的乡村聚落中，不少乡村聚落将修建具有现代气息的民居建筑，但在规划设计时，应使新建筑既有原本的传统风格又不缺乏现代气息，建筑的创新性规划设计是不能脱离地域特色的，应在传统风格上寻找文化元素，结合现代人的生产生活重新建造。可以在建筑上添加装饰纹样，如当地的吉祥物、文化图案等，同时还可结合现代人的审美习惯在原来的基础上进行再创造，新的内容和装饰一定要与周围环境相融合，在建筑材料的使用上统一规范，这样的乡村建筑能够既保留原风格，又有了些新的发展和新的特色。

乡村聚落所处的农田景观，是乡村聚落景观很重要的一部分，它由当地经济农作物景观所构成，包括水稻田、麦田、蔬菜田等景观。但是，田野景观略显单调，可以搭配一些具有观赏性价值的树木加以衬托，形成新乡村聚落农田景观，使传统的农田景观锦上添花，提高农村景观的审美价值。在进行农田景观创新性规划设计时，要充分发挥树木的观赏性，在合适的区域种植一定数量的高大乔木，既能保护农田土壤，又能为劳动中的居民提供遮阴休憩之处；同时可在乡村聚落的大片空地上种植具有观赏价值的果树，既有经济效益，又能带来良好的景观环境；也可在田间道路旁种植一些花木或观叶当地植物，装饰农村单调的田野空间，提供更多的景观色彩。

随着社会发展，城市居民在巨大的生活压力下，面对着高楼大厦，渴望寻找大自然的怀抱，对远离城市喧嚣的农村产生了浓厚的兴趣，希望能够到郊区农村观光旅游释放压力。在这一契机下，农村开始从以第一产业的农业为主的模式开始渐渐向第三产业为主发展，农村聚落景观也逐渐向着乡村旅游景观靠近。传统乡村聚落景观创新性规划设计的内容主要包括旅游景点的开发与景观规划设计、农业观光园的开发与景观规划设计。旅游景点的打造可以根据乡村聚落景观的特色进行规划设计，包括特色民居、湿地、森林、河堤等，在这些具有风景特色的自然条件下进行适当梳理调整，形成生态保护观赏风景区；还可以在乡村聚落内修建乡村酒店或改造农民的自用房以使之变为民宿等，方便外来游客停留。农村观光园的开发与景观规划设计中主要有观赏农业区、体验式农业区、休闲活动区等规划设计。乡村旅游景观的打造都是在抓住其地域景观特点的基础上以其为主体进行打造的，这样不仅能够保存原有的生态环境，也能够体现地域景观的特色。

（二）乡村聚落景观规划设计的程序

传统乡村聚落走到今天，理应适应时代和发展的需求，景观规划中除了重视保护外，还必须强调更新发展。乡村聚落景观的规划从总体上来讲，需要结合地域特点、人文特色、社会经济、功能需求等要素进行细致设计，设计主要包含空间结构、聚居地选址、产业规划、乡村建筑、道路与绿化基础设施规划等内容。

1. 明确任务

明确设计任务是为了准确把握规划方向，依据《中华人民共和国城乡规划法》等政策规范要求，明确规划定位和类型准确界定拟规划区域范围，为后续规划工作的开展奠定坚实基础。

2. 资料收集

资料收集是科学合理制定规划的前提。在规划制定前应全面、细致地收集拟规划区域的相关基础资料，主要包括自然环境、社会环境、经济环境这三个方面。自然环境资料主要包括土地、水文、地形、动植物、矿产资源等方面的内容；社会环境资料主要包括人口数量、建筑概况、道路交通、基础设施、历史文化等方面的内容；经济环境资料主要包括产业布局、经济结构、收入水平等方面的内容。资料收集过程中可采取实地考察、座谈访问、文献整理、调查问卷等多种方式，确保资料的全面性和准确性。实地考察步骤具体如下所示。

（1）调查准备阶段

此阶段主要是针对研究区域进行相关资料的收集。首先是搜集研究区域的卫星地图以及各类比例尺的地形图，认真查看图纸，了解研究区域的地形地貌、水系走向、植被类型、道路交通以及聚落分布；其次是认真阅读研究区域的地方志等文献资料，确定该区域是否有历史文化名村或历史风貌保存较好的区域；最后就是确定调查提纲，根据提纲制定相应的调查任务。

（2）现场调查阶段

该阶段主要是深入研究区域现场走访调研。首先，针对研究区域的自然地景要素，如气候、地貌、水体、植被等要素进行详细的拍照和草图绘制，现场感受其自然资源特色及生态格局；其次，深入研究区域的聚落内部，针对与乡村聚落风貌相关的要素，如建筑、院落、文化生活习俗、生产生活习惯、常见色彩、历史文物遗迹、民族风貌等进行详细的拍照并绘制草图；最后，就是通过村民座谈、政府座谈了解研究区域的产业生产情况，如农业发展情况、经济收入情况、常种作物情况等，做好详细的笔录。

（3）调查总结阶段

该阶段主要是将现场调查过程中记录、拍摄的资料进行分门别类的整理汇总，形成该研究区域景观要素研究的原始调查资料库，同时补充现场考察时不完整的资料内容，最终完成对研究区域现状的整体认识。

3. 分析提炼

景观资料分析评价是科学合理制定规划的依据。其主要任务是将前期收集的大量相关资料进行分类、归纳、分析、取舍，全面评估拟规划区域内的土地利用状况、景观空间结构布局情况、景观结构类型及特点、乡村资源利用现状等内容并找出存在的问题，为规划思想及理念的提出确立现实依据。分析评价中可采用叠加分析、定性分析、定量分析及实测等方法，并形成初步结论。分析提炼的步骤如下所示。

（1）依据现场调查的资料，仔细梳理研究区域的自然生态环境，总结出该研究区域自然地景的整体风貌特征，提炼出影响研究区域地景要素的重要因子，确定研究区域地景要素的重点研究对象，初步确定研究区域可利用的自然景观资源，并架构出初步的自然地理空间单元框架。

（2）依据对研究区域典型聚落的现场调查，针对每个典型研究的聚落形成一套完整的调查报告，重点分析研究区域内典型聚落景观的构成因子，分析其形成条件以及功能作用，对比各典型聚落中影响因子的异同点，确定不同影响因子在乡村聚落景观营建中的重要性，总结各类因子的人文内涵，为新型乡村聚落景观营建提供设计依据。

（3）根据调研走访的资料，分析提炼研究区域乡村聚落生活生产特征，总结出该研究区域居民的生产生活习惯，以及常种作物的生长规律，梳理出影响该研究区域景观风貌的生产性景观因子，为后续新型乡村聚落景观设计的合理性提供依据。

4. 分类整合

分类整合思想是自然科学与社会科学研究中的基本逻辑方法。分类整合思想的基本环节就是"分"与"合"，二者既是对立面又是矛盾的统一体，有"分类"必有"整合"。

通过对现场调查与分析的提炼，首先要将乡村聚落景观发展的各类要素根据其自身的属性进行分类，确定影响乡村聚落景观发展的三大类景观要素，分别是地景要素、风貌要素以及产业要素，其中地景要素又可细分为气候要素、地貌要素、水体要素以及植物要素，这些要素共同构成了新型乡村聚落景观营建的自然本底；风貌要素细分为建设风貌要素、人文风貌要素以及色彩风貌要素，这些要素的研究为新型乡村聚落景观的空间形态和视觉体验提供了本土化设计依据；产业要素细分为农业产业工程要素、观光农业产业要素以及地域生产生活习惯方面的研究内容，这些要素的研究为新型乡村聚落景观的合理性功能性设计提供了设计参考。

通过以上分类研究，可以比较充分地了解研究区域各类景观要素的特征。但是乡村聚落的景观设计是一个有机的统一体，各类要素往往不是独立存在的，它们之间相互影响、相互制约，所以在做乡村聚落景观的规划设计时必须站在整合的视角下将各类要素统一考虑，形成所研究区域乡村聚落景观要素的整体框架，通过图示的语言将其地域特色的景观基因直观地展现出来，形成研究区域一体化的景观要素体系，为后续的景观设计提供依据。

5. 形成成果

通过分析材料中的相关内容，进一步提炼规划设计原则、指导思想、规划理念。明确规划重点、规划细则、框架内容，编制规划说明书和规划图纸，尊重村民意愿，重点突出空间形态布局、场地规划、道路、绿地等详细景观设计。规划中注重"两个结合"：一是传统与现代理念的结合，设计理念中始终要以独特的乡土民俗和历史文化为核心，切勿盲目生搬硬套和求新求变，要在弘扬历史文化，传承民俗风情的基础上注入现代理念，取得二者在乡村聚落中的完美融合；二是现状与未来需求的结合，在深入剖析乡村聚落现有实际状况的基础上，融合可持续发展的思路，建立保留优势、改变现状、促进发展、顺应未来的规划模式。

第三节　乡村生态建筑设计与应用

生态型乡村建筑规划与设计包括宏观规划与设计和微观规划与设计。宏观规划与设计包括乡村建筑总体规划与设计、建筑功能规划与设计、景观布局规划与设计等。微观规划与设计包括乡村公共空间规划与设计、人居环境规划与设计、街巷系统规划与设计、院落空间规划与设计等。

加强生态型乡村建筑的规划与设计，不仅能够推动乡村经济的发展，还能够打造具有地方特色的乡村空间。在实际设计过程中，设计人员需要分析乡村的本土优势以及乡村建设中存在的问题，并且遵循可持续发展理念，探寻乡村自然之美，追寻文化根源。另外，设计人员还需要在乡村建筑的规划与设计中应用低碳环保技术，制定完善的乡村建筑规划方案，从而在提高村民生活质量的同时，留住乡愁。

一、生态型乡村建筑规划与设计的重要意义

自"乡村振兴"战略实施以来，乡村建设成为一大热点。在城镇化建设过程中，粗放的开发模式破坏了乡村生态环境、村落肌理、田园风光、传统民居风貌，从而导致村民失去归属感。想要解决这一系列问题，设计人员就必须做好生态型乡村建筑规划与设计工作，从而在实现乡村建设目标的同时，保护生态环境。另外，做好生态型乡村建筑规划与设计工作，不仅能够有效满足村民的生活需求、工作需求及健康需求，还能够在保护地方文化、地域特色、生态环境的同时，为居民提供更加舒适的生活环境。

二、生态型乡村建筑规划与设计的注意事项

现阶段，我国乡村地区的建筑规划与设计呈现碎片化的特点，大部分乡村建设缺乏整体规划与设计。在乡村发展过程中，建筑形式同质化、资源浪费、环境污染等问题尤其突出。

在生态型乡村建筑规划与设计过程中，设计人员应针对以下三点做好规划与设计工作。

（一）因地制宜

设计人员应将乡村空间与自然空间相结合，并且根据当地的地形特点、气候特征、生态条件以及人文环境来制定合理的生态型乡村建筑规划与设计方案。另外，设计人员还需要将人的需求与当地的自然环境相融合，以体现当地独特的地域特色和景观风貌。在生态型乡村建筑规划与设计过程中，设计人员应采用本土自然材料。这些材料不仅具有良好的使用性能，还具有良好的质感。采用本土自然材料，既能够保留当地的文化及地域特色，又能够节约建设成本。

（二）环保

坚持可持续发展战略是实现乡村建设目标的前提。在生态型乡村建筑规划与设计过程中，设计人员应坚持环保原则，高效利用当地的自然资源，从而避免因使用化学材料而对生态环境造成破坏。化学材料难以在自然环境中降解，因此在乡村建设过程中使用化学材料，往往会污染周边的生态环境。在乡村地区，木材、石材、瓦片、黏土、秸秆等都是人们常见的本土自然材料。设计人员可以利用科学技术将这些本土自然材料与现代材料相结合，提高乡村建筑的环保性能，从而在体现独特民居风格的同时，保护乡村生态环境。

（三）聚居

在生态型乡村建筑规划与设计过程中，设计人员需要充分了解村民的家庭结构与聚族而居的传统生活方式。另外，设计人员还需做好相应的调研及考察工作，保护乡村的传统建筑与宗祠文化，从而为村民创造良好的生活环境。此外，在乡村地区，对于住宅，村民不仅具有较深的私有观念，还具有较强的传承意识。因此，在生态型乡村建筑规划与设计过程中，设计人员应尽可能地延长建筑结构的使用寿命。

三、生态型乡村建筑规划与设计要点

（一）在整体建筑、景观方面做好规划设计工作

在整体规划与设计方面，设计人员应坚持生态环境、资源保护原则，因为大多数乡村的资源是宝贵的不可再生资源。在开展规划与设计工作时，设计人员需要保护乡村的历史遗迹、生态环境以及居民的生活方式，以此来实现"在保护中更新、在更新中保护"的目标。另外，为了实现乡村的可持续发展目标，设计人员应扎根本

土，整合乡村文化，保护乡村肌理。

在建筑规划与设计方面，设计人员应了解村民的生活方式，并且以乡村建筑特色为基础，应用现代建筑技术，做好建筑规划与设计、公共设施规划与设计等工作。另外，在乡村建筑规划与设计过程中，设计人员还需要树立绿色建筑理念，充分利用可再生资源，积极应用先进的技术，保证建筑性能能够满足村民的生活需求，从而在提高居民生活质量的同时，营造舒适的生活环境。

在景观规划与设计方面，设计人员应根据村民的活动路线来划分室外交流、休憩、教育、交通、生产等空间，并且根据乡村的实际情况来构建景观网络，从而形成人与自然和谐发展格局。

（二）保护乡村生态系统

在保护乡村生态系统的过程中，设计人员需要将生物群落与环境资源相结合，实现能量转化、物质循环的目标，从而解决村民的生产、生活问题。例如，太阳能是一种可再生能源，它取之不尽、用之不竭。与煤炭、天然气等传统能源相比，使用太阳能不会对生态环境造成破坏。因此，在生态型乡村建筑规划与设计过程中，设计人员需要加强太阳能设备的应用，如太阳能热水器、太阳能发电机及太阳灶等。另外，建立集中养殖场、沼气发电站，也有利于解决乡村生态问题。

（三）在节约能源的同时，提高建筑的使用性能

在生态型乡村建筑规划与设计过程中，设计人员应重点做好以下六项工作：（1）保证室内温度、湿度适宜，从而为居民提供一个舒适的生活环境；（2）增加自然采光，以节约用电，为了充分利用自然光，设计人员应做好屋顶设计工作，此外，设计人员还可设置采光井或反射装置，将自然光源引入建筑内部，从而减少热能损耗和制冷损耗；（3）提高室内通风效果降低空调使用频率，从而减少电能损耗；（4）增加绿植种植面积，从而为村民提供良好的居住环

境；（5）积极应用先进的生态技术，提高乡村建筑的使用性能，从而满足居民的生活需求；（6）提高资源的利用率，实现乡村建筑的节能环保。

（四）加强雨水回收利用技术及污水处理技术的应用

我国乡村地区的水循环分为家庭个体式水循环及村庄式水循环。水循环涉及雨水收集及使用、河流水使用及生活污水排放等方面。在雨水回收利用过程中，设计人员可以将雨水引入蓄水装置中。在经过简单的处理后，雨水可作为室内清洁用水；在经过一系列的处理后，雨水还可作为饮用水。此外，雨水还可作为消防用水。现阶段，在乡村地区，生活污水是水污染的主要来源。因此，在生态型乡村建筑规划与设计过程中，设计人员应根据当地的实际情况，做好生活污水排放设计工作。例如，在距离城镇较远的地区，设计人员可以利用污水管将污水引流至城镇污水处理系统中；在偏远地区，多个村庄可以共用一个污水处理系统。

（五）加强生态建材应用

在生态型乡村建筑规划与设计过程中，设计人员应加强生态建材应用。生态建材的质量与房屋建筑的宜居性密切相关。在选择生态建材的过程中，设计人员应综合考虑建材的节能环保性、可回收利用性、成本、运输便利性等因素。首先，土是一种常见的建筑材料，它具有以下两个优点；（1）土是一种来源较为广泛的生态建材，它对使用环境的要求较低；（2）土具有良好的保温、隔热、调湿性能，利用土来建造房屋，不仅能为村民提供舒适的居住环境，还能避免对当地生态环境造成严重的污染。其次，在乡村地区，秸秆是常见的农作物废料，它在焚烧过程中会产生大量的有毒有害气体。秸秆的保温性及可塑性极佳，它非常适合用来制作秸秆砖。另外，秸秆能够代替木材制作天花板、隔热板及家具等。因此，在生态型乡村建筑规划与设计过程中，将秸秆作为生态建材来使用，具有重要的现实意义。最后，在生态型乡村建筑规划与设计过程中，设计人员应根据当地的历史文化、气候条件、建筑的通风条件、建筑的采光条件以及建筑布局来选择合适的生态建材。

（六）建立宏观层面的乡村生态景观体系和做好微观层面的乡村院落、公共空间、农业景观的规划与设计工作

在宏观层面，设计人员需要建立乡村生态景观体系。在乡村生态景观体系中，建筑与水系、农田、菜园、街巷相互交错，既能丰富乡村生态景观组合形式，又能丰富乡村生态景观空间形态。

在微观层面，设计人员需要做好乡村院落规划与设计工作、公共空间规划与设计工作、农业景观规划与设计工作。

乡村院落既是村民的室外生活空间及劳动场所，也是建筑内部空间与外部乡村空间之间的过渡区域。因此，乡村院落需要具有一定的储物功能，如储存粮食和工具等。另外，乡村院落还能够承载种植、养殖等农业生产活动；大多数乡村院落往往以住宅为中心，向前后延伸。因此，在开展规划与设计工作时，设计人员应根据乡村的特色来开展乡村院落景观设计工作，从而在改善环境、保护乡土文化的同时，满足村民的生活、生产需求。

公共空间是乡村居民交流、举办集体活动的场所，因此设计人员应做好乡村图书馆、村委会等区域的公共景观规划与设计工作。在规划与设计过程中，设计人员应选择合适的绿植、本土材料与现代材料，从而实现公共景观与自然环境和谐统一。此外，设计人员还可以采用平台设计、坡面设计的方式来提升公共景观的品质。

在农业景观规划与设计过程中，设计人员需要充分考虑村民的种植要求。设计人员必须确定农作物种植面积与品种，并且逐步引导传统农业产业向休闲农业发展。在设计过程中，设计人员应根据当地的气候环境来选择合适的本地农作物，并且在此基础上综合运用多种园林景观设计手法将本地农作物打造成为具有观赏性的农业景观。此外，设计人员还可以鼓励村民积极参与农业景观规划与设计工作，从而在提高农业景观的观赏性的同时，满足村民的农业生产需求。

　　总而言之，在生态型乡村建筑规划与设计过程中，设计人员应熟练掌握生态型乡村建筑规划与设计的注意事项及要求，提高生态型乡村建筑规划与设计方案的科学性及合理性，从而为村民提供良好的生产生活环境。此外，设计人员还应加强生态型乡村建筑规划与设计研究，不断优化生态型乡村建筑规划与设计方案，从而实现生态型乡村建设目标。

第三章　乡土环境设计

第一节　乡土环境设计概述

乡土环境是"当地人为了生活而采取的对自然过程、土地和土地上的空间及格局的适应方式，是此时此地人的生活方式在大地上的显现，是包含土地及土地上的城镇、聚落、民居、寺庙等在内的地域综合体，是包括自然和历史文化在内的整体系统"。乡土观的理解主要有：强调本土性、地域性，不追求形式上的复杂，只是遵循地方形式，很少接受其他区域的创新；强调乡村性、自发性，与城市环境相对应，在看待现代技术上有两种不同的倾向：一种排斥新技术，主要强调地方传统而把城市的生活排除在外；另一种不排除新技术，强调乡村的一切都是乡土环境，强调日常的、生活的，与高雅环境相对应，强调与寻常百姓相关的实用的环境。乡土环境三个最主要的特点是适应当地自然和土地、适应当地人、为了生存和生活。它既是自身发展的过程，又是吸收外来文化的过程。

从地理学视角看，乡土环境是指区域土地上的空间和物体所构成的综合体，是"地域资源综合体"，具有环境和地域的双重属性。可见，乡土环境设计必然要涉及地域土壤、河流水系、植被、地形地貌、气象、环境风貌等丰富的物质信息数据。因此，乡土环境设计包括区域内所有的物质自然资源数据。下面开始分析物质信息数据方面的要素。

物质要素由地形地貌、气候、土壤、水文、动植物、建筑、公共设置等要素组成，它们共同形成了不同乡村地域的环境基底。各要素不但是构成乡土环境的有机组成要素，而且对乡土环境的构成具有不同的作用。虽然某些自然要素能够形成一个地域的宏观环境特征，如地形地貌，但是整体环境特征还是通过各个自然要素共同作用的结果。

一、地形地貌

地形地貌是乡土环境构成的基本要素之一，它们形成了乡村地域环境的宏观面貌。按地形地貌的自然形态可分为山地、高原、丘陵、平原、盆地五大类型。在中国，山地约占陆地面积的 33%，高原约占 26%，丘陵约占 10%，平原约占 12%，盆地约占 19%。通常所说的山区包括山地、丘陵和起伏不平的高原，约占陆地面积的 23%。不同地形地貌形态反映了其下垫物质和土壤的差异及所造成的植被的区别，因而是进行环境分析和环境类型划分的重要依据。

地形地貌影响乡土环境的空间特征，不同的海拔高度对自然环境、农业环境和村镇聚落环境都产生了很大的影响。

海拔高度重塑了自然环境的地带性规律，出现了山地垂直地带，气候、植被、土壤都随着海拔高度的变化而变化。另外，山地的坡度和坡向还具有重要的生态意义。坡度影响地表水的分配和径流形成，进而影响土壤侵蚀的可能性和强度，可以说坡度决定了土地利用的类型和方式。坡向影响着局部的小气候的差异，不同的坡向造成光、热、水的分布差异，直接决定了植被类型及其生长状况。

山区用地紧张，可耕面积少，农业生产通常结合地形地貌来进行，依据等高线修山建田，这样就产生了与平原完全不同的农业生产环境，如梯田环境。

地形地貌对于村镇聚落环境的影响也十分明显，尤其是在山区。中国传统村落的选址和民居的建设都与自然的地形地貌融合在一起，互相衬托，从而创造出地理特征突出、环境风貌多样的自然村镇环境。即使一个地域的单体建筑形式大同小异，一旦与特定的地形地貌相结合，也能形成千姿百态的建筑群，从而极大地丰富了村镇聚落整体的环境风貌。

二、气候

气候是不同地域乡土环境差异的重要因素。各种植被的水平地带和垂直地带，以及土壤的形成都主要取决于气候。气候是一种长期的大气状态，太阳辐射、大气环流和下垫面是气候形成的三个要素。气候因素包括太阳辐射、温度、降水、风等。温度和降水不仅是气候的主要表现方式，还是更为重要的气候地理差异因素。

（一）气候对建筑布局和形式的影响

中国从南到北纬度相差大，从严寒的东北、西北到酷热的华南，从东南沿海到青藏高原，气候条件差别极为悬殊，建筑对日照、通风、采光、防潮、避寒、御寒的要求也各不相同，从而形成了丰富多彩的建筑布局和形式，如北方的四合院、徽州建筑、云贵的干栏式建筑、黄土高原的窑洞等。

（二）气候对农作物分布的影响

由于气候类型的多种多样，中国的各种植物资源也极其丰富，中草药和贵重药材种类繁多。对于农业生产，根据不同的自然条件，因地制宜地选择不同的粮食作物和经济作物。根据南北气候的差异，全国分为五种耕作地区：一年一熟区、两年三熟区、一年两熟区、双季水稻区和一年三熟区。

三、土壤

土壤是乡土环境的一个重要的组成要素。实际上，土壤剖面是环境的一面镜子。任何形式的环境变化动态都或多或少地反映在土壤的形成过程及其性质上。或者说，什么样的气候和植被条件形成什么样的土壤。因此，对于自然环境和农业环境而言，土壤是决定乡土环境异质性的一个重要因素。

中国地域辽阔，气候、岩石、地形、植被条件复杂，再加上农业开发历史悠久，因而土壤类型繁多。从东南向西北分布着森林土壤（包括红壤、棕壤等）、森林草原土壤（包括黑土、褐土等）、草原土壤（包括黑钙土、栗钙土等）、荒漠与半荒漠土壤等。不同类型的土壤适合不同植被的生长。因此，乡村的农业生产性环境是由土地的适宜性所决定的。

四、水文

水资源是人类赖以生存和发展的必要条件，而农业是目前世界上用水量最大的部门，一般占总用水量的 50％以上，中国农业用水量则占总用水量的 85％。

水资源不但是农业经济的命脉，而且也是乡土环境构成中最为生动和最具活力的要素之一，这不仅仅在于水是自然环境中生物体的源泉，还在于它能使环境变得更加生动和丰富。不同的水体有着各自的水文条件和水文特征，这些决定了各自的生态特征，如湖泊、河流、沼泽、冰川等，它们对乡土环境格局的形成有着重要的作用。

（一）湖泊

湖泊是较封闭的天然水域环境，按水质可分为淡水湖、咸水湖和盐湖。淡水湖是某一巨大水系的重要组成部分，具有防洪调蓄、发展农业与渔业等重要作用。按分布地带可分为高原湖泊和平原湖泊。咸水湖是水的含盐度超过 10％的湖泊，可产食盐碱等。盐湖是干旱地区含盐度很高的湖泊，它富集多种盐类，是重要的矿产资源。

（二）河流

河流是带状水域环境，从水文方面可分为常年性河流与间歇性河流，前者多在湿润区，而后者在干旱、半干旱地区。河流补给分为雨水补给和地下水补给，雨水是河流最普遍的补给水源。

（三）沼泽

沼泽是一种典型的湿地环境，是生物多样性和物种资源的集中聚集繁衍地，具有巨大的环境功能和效益。

（四）冰川

冰川广泛分布于中国西南、西北的高山地带。冰川水是中国西北内陆干旱区河流的主要水源，如塔里木河、叶尔羌河等，也是绿洲农业环境的主要水源。

五、动植物

（一）植被

植被是全部植物的总称。中国的高等植物近3万种，在中国几乎可以看到北半球的各种类型的植被，其中，农田植被占全国总面积的11%。植被与气候、地形和土壤互相作用，一方面，有什么样的气候、地形和土壤条件，就有什么样的植被；另一方面，植被对气候和土壤甚至地形也都有影响。它们共同形成了不同的植物环境特征。

根据植物群落的性质和结构，植被可划分为森林、热带稀树草原、草原、荒漠和冻原五大基本类型，它们各自有其独特的结构特征和生态环境。按照植被类型的区域特征，中国植被分为八个区域，分别为寒温带针叶林区域、温带针阔叶混交林区域、暖温带落叶阔叶林区域、亚热带常绿阔叶林区域、热带季雨林和雨林区域、温带草原区域、温带荒漠区域、青藏高原高寒植被区域。

（二）动物

野生动物是自然生态系统的重要组成部分，在维持生态平衡和环境保护等方面有着重要的意义。中国自然条件优越，为野生动物的繁衍生息提供了良好的条件。野生动物与乡村生态环境有着密切的关系。

六、建筑

按照使用功能，乡村地域的建筑物可分为民用建筑、工业建筑和农业建筑三大类。

（一）民用建筑

民用建筑包括居住建筑和公共建筑。住宅、宿舍和招待所等居住用的房屋被称为"居住建筑"，行政办公楼、学校、图书馆、影剧院、体育馆、商店、邮电局以及车站等公共用的房屋被称为"公共建筑"。

（二）工业建筑

工业建筑包括各类冶金工业、化学工业、机器制造工业和轻工业等生产用厂房，生产动力用的发电站及储存生产用的原材料和成品的仓库等。

（三）农业建筑

农业建筑是指供农业生产用的房屋，如禽舍、猪舍、牛舍等畜牧建筑，塑料大棚、玻璃温室等温室建筑，粮食种子仓库、蔬菜水果仓库、农机具库、危险品库等农业库房，农畜副产品加工建筑，农机修理站等农机具维修建筑，农村能源建筑，水产品养殖建筑，蘑菇房、香菇房等副业建筑，农业实验建筑，乡镇企业建筑等。

七、道路

乡村道路形成了乡土环境的骨架，是乡村廊道常见形式之一。根据国家对道路使用性质的规定，道路分为国家公路（国道）、省级公路（省道）、县级公路（县道）、乡村道路以及专用公路五个等级。乡村道路是指主要为乡（镇）村经济、文化、行政服务的公路，以及不属于县道以上公路的乡与乡之间及乡与外部联络的公路。这种规定只涉及乡村道路的一部分，实际上在乡村地域范围内的高等级公路对乡村环境和环境格局也产生较大的影响。因此，乡村道路应包括乡村地域范围内高速公路、国道、省道、乡间道路、村间道路以及田埂等不同等级的道路，它们承担各不相同的作用。

八、农业

中国是一个农业大国，农业文明在中国文明史中占有最重要的位置，农业理论和实践都远远多于其他产业。

原始农业是从采集狩猎野生动物的活动中孕育而生的。后来，种植业和畜牧业也相继发展，种植业和以其为基础的饲养业至今仍是农业的主体。天然森林的采伐和野生植物的采集、天然水产物的捕捞和野生动物的狩猎，主要是利用自然界原有的生物资源，但由于这些活动后来仍长期伴随种植业和饲养业而存在，并不断地转化为人工种植（如造林）和饲养（如水产养殖），故也被许多国家列入农业范围。至于农业劳动者附带从事的农产品加工等活动，则历来被当作副业。这样，就形成了由种植业（有时称"农业"）、畜牧业、林业、渔业和副业组成的广义的农业概念。乡土环境所涉及也是广义农业的概念，它们形成了乡土环境的主体。

九、水利设施

水利是农业的命脉，对中国农业文明至关重要。早在周代就设有管理水利的"司空"一职，可以看出当时就已对水利十分重视。从古至今，无论朝代如何变更，水利事业始终为各代所关注。各种类型的水利设施在防洪、发电和发展农业灌溉等方面发挥了巨大的作用，同时也是乡土环境的一个重要组成部分。

第二节　乡土环境设计的内容与方法

一、农田环境规划与生态设计

农田环境是当地居民为适应当地环境而形成的一种长期生产性环境，是当地自然生态环境的最根本体现，其本身的发展、设计与自然地理环境、气候环境等有着密切的关系。农田环境设计必须附属于整体的自然环境，必须关注土壤、农作物、水体、气候以及其他非物质要素，注意元素之间相互作用。从小范围讲，关注"环境"是强调农田环境与周围自然环境之间的整体和谐关系；从大范围讲，关注"环境"还必须强调农田环境与整个地球的自然生态环境之间的协调关系。只有适合环境设计出来的农田环境才是自然、历史文化的综合体，才会具有生态性、乡土性、互动性和艺术性。

农田环境并非独立于整体环境之中，能对周围的生态环境起到积极的促进、维护作用。为发挥其本身所具有的作用，必须认识到农田环境设计与周围环境的关系，以利于其本身健康有序地发展。在今后农田环境的设计中必须更加关注周围的环境，保证其自然特性，营造健康宜人的环境，延续乡土的生态性。

关注环境、尊重环境是生态设计最基本的内涵，对环境的关注是农田环境设计存在的根基。每一个参与农田环境设计的人，应永远记住：人类属于大地，而大地不属于人类，自然环境并不是人类的私有财产。

（一）建立生态安全格局

农田环境的发展必须稳定、持续、循环，必须有优良的生态系统。因此，农田环境设计要建立生态安全格局。农田环境的生态安全格局是维护农田环境中综合生态系统的关键性环境元素、空间位置及其之间关系所构成的基础性生态结构，是由自然、社会、生物及人类等各种驱动因子在时空尺度上的相互作用所构成的，具体表现为农田环境的多样性和异质性。党的十八大报告中明确要求"构建科学合理的生态安全格局"。党的十九大报告指出："实施重要生态系统保护和修复重大工程，优化生态安全屏障体系，构建生态廊道和生物多样性保护网络，提升生态系统质量和稳定性。"

农田环境设计第一要务就是建立生态安全格局，从整体出发，分析和判别农田环境中具有关键性的要素，将设计学与环境生态学相结合，进行保护、恢复和重建农田环境格局，形成"点（斑块）＋线（廊道）＋面（基质）＋体（空间结构）"一体化，确保各种生态系统发挥本身的生态服务。农田环境生态安全格局的建立是以耕地为背景，大田、观光园、养殖场、绿林和村庄等为斑块，林带、树篱、沟渠、道路等为廊道，按照分散与集中、网络布局和环境连续，形成一个多层次的空间网络，其中斑块是农田环境的功能载体，廊道是农田环境中的空间通道，基质是农田环境中的空间依托。农田环境斑块数目取决于田块的规模，一般为3～10块/公顷，山区、丘陵地区数量将增加。平原区的田块以长方形、方形为佳，长度为500～800米，宽度为200～400米；山区则依据坡度确定宽度。廊道一般为3或4条，主要田间道路路面宽度为4～6米，辅助田间道路宽为沟渠宽度2米，乔木防护林带行距为2～4米，株距1～2米，林带宽度取决于树木行数，一般为220米。与此同时，农田环境设计还要有农田道路隔离绿化带。农田环境的生态安全格局使其不仅具有生产功能也具有生态服务、环境价值、传承文化、观光和教育的旅游功能，能协调紧张的人地矛盾，实现精明保护与精明增长，成为国土规划和城乡规划的重要依据。

农田环境的设计应该利用环境的异质性创建其生态安全格局，在原有的地形地貌、气候及生物等自然条件基础上注入新时代的设计思想，改变斑块的形状、大小及镶嵌方式，改变原有的环境基质，优化和改善土地的利用方式，构建生物或水利廊道，形成较为稳定的空间形态。首先，要注意原农田环境中的生态平衡以及新思想渗入的负反馈，增强农田环境生态安全格局的稳定性，关注各个要素之间的比例关系，关注农田环境的质量优劣。其次，慎重考虑区域的开发程度、环境容纳量和自然承载力，控制人工外来物种栽植的盲目应用和无限度扩展。最后，要加强农田环境的田埂和边缘环境设计，营造农田环境野生的生态生境，为动植物的迁徙、扩散及环境污染程度的评价提供依据。在农田环境生态安全格局内部进行多种经营、综合发展，进行农林果结合、农林牧结合，做到农田环境的生态安全格局与其功能辩证统一，结构是功能的基础，功能是结构的反映。总体提高农田环境生态系统的生产力，以求取得生态效益和经济效益的突出成绩。

（二）合理利用地形地貌

人与土地的和谐关系是社会发展的根基。一片充满诗意与精神灵秀的土地是民间信仰和民族认同的基础。农业是人类对地球表面土地最卓越的使用。作为农田环境设计重要骨架的地形地貌，极具亲和力和稳定感，它决定了气候水体、生产技术及农作物播种等环境的布置效果，有较强的诱发空间的潜在力量。只有了解土地是如何发挥作用，如何变化，以及它是如何与生活在土地上的生物相互作用的，才能真正发掘环境的本质。合理地利用地形地貌，有利于农田环境设计中空间的分隔、视线的控制及美学的表现等。

农田环境中地表的修整、耕耘在某种程度上就是一种"破坏"行为。因此，其设计必须做到尊重并合理利用地形地貌。借助原山势地形，顺应自然风貌，在保证不破坏其功能的基础上适度改造山势地形的空间形态，灵活运用地势地貌所具有的最大潜力；尊重土地的生命周期，坚决不能改变土壤结构，不能破坏农田环境的稳定性，以耕作技术的智慧和适化化为基础，做到对其地形地貌的"培育"。借助地形地貌营造多种形式的田埂，增强其空间的可达性和开敞性，做到道路可达、水域可达、视线可达，使其充满野趣，笔直的田埂稳定呆板，弯曲的田埂生动、蜿蜒；从功能、布局和造景等方面考虑原地形地貌，进行合理排水，防止积水，使农田环境形成不同功能或景色特点的区域和较高的视觉稳定性；通过土壤的特性、造型的特性及高低的特性设计农田环境的大小、肌理、形状、面积等，并构建当地的土地利用图。

零星散落的小土丘或者起伏不大的地形，可以种植高大乔木，凹陷的位置种植小灌木或草本植物，增强视觉高低的变化，错落有致。比如四川平原地区地形较为低洼的区域，将其深挖为池塘，设计成我国江南地区的"桑基鱼塘"；在地形较为突出的地方设计高台，给予人远眺的空间，登高望远，看到开阔的场面，如哈尼族的梯田环境。高台之下的地形不能太露，并用大面积植被覆盖。哈尼族自上而下的灌溉技术以及梯田养鱼技术也是合理地借用当地的地形地貌。结合地形地貌为孩子们营造富有趣味和知识性的场所，如农田中部分裸露的土地或者拐角处，设计成为孩子们玩耍的地方，并配以文字说明的展示牌，对当地农田中的土壤、农作物等进行详细的介绍，增强对农田环境的了解，起到教育的作用，激发人们对农田环境的热爱。

（三）准确调配农田作物

能够"培育出具有生命的绿"体现了农田环境设计重要的作用。环境多样性是根植于大地的自然地理与生态特征之中的，反过来，这样的多样性又反映出陆地环境功能的差异性。

耕地的风景特色会因为耕种作业的改变而改变，也会因为土地被用于其他用途或者公众用于改善景色的投资而改变。农田环境就是以种植农作物为主的环境，其设计要准确地调配农田作物，要做到"三季有花，四季常绿"。了解当地气候、土壤、水体和农作物等要素的状况，因地制宜，适地适种，以当地乡土品种为主，调配时应谨慎，注意因纬度、海拔的改变对农作物的影响；根据农田环境的总体规划和功能定位，合理选择农作物，营造结构合理、层次丰富、关系协调的作物群落组合构架，注意遵循线条、质地、色彩、空间、季相的美学特征及组合，合理进行作物、林果植物与其他环境要素，如水、林、路、石等之间的相互搭配；注重农作物与其他野生植物之间的高矮、大小、花期、常绿与落叶，以求在季相的变化上达到最佳效果，给予人们"五感"上的享受，启发探索精神；充分引入成熟的环境设计手法，参考"诗格""画理"兼备的植物配置形式，结合农业环境粗放管理的特性，充分发挥农作物的表现时空、营造意境、分割空间、改造环境、衬托主题等功能，展示农田环境的多种美；准确地调配农作物的行距、品种、色彩，其造景技术主要包括机播、条播、撒播、穴播等，农作物栽植模式有单种、混种、套种、间种等；合理利用生物防治技术、天敌利用技术和生草覆盖技术以及土壤改良、节水灌溉、水分综合管理、整形修剪、防治病虫害等措施，保证农田作物健康生长，实现农田环境设计设计的生产、生态和环境综合效果；在满足功能的基础上，在农田周边搭配不同的植物，形成绿色空间，如挺水植物、浮水植物等，不仅可以防止水土流失，也能展示农田环境的魅力，传承乡土文化。

与此同时，农田环境的设计要注重农作物与野生动物之间生态环境的营造，如哈尼族的梯田活水养鱼。对设计区域内现有动物进行调查，以提供准确的动物种类、习性、分布等有效信息；对于动物较少的场地，依据生态学理论、专家的指导及农作物的品种，适当增加其种类或数量；控制好农田环境中物种之间的平衡，切忌因擅自引进而破坏原生态平衡。

（四）灵活运用乡土材料

乡土材料是农田环境中最直接可取、最生活化的资源。面对环境恶化、污染等问题，灵活运用农田环境中的乡土材料，是我们义不容辞的责任。这样既可节约经费、降低造价，又可促使环境设计更具风格和地域特色。农田环境要靠材料创造美，农田中一切具有相对稳定或能形成形状的物质，都可以作为其设计材料，关键要善于探索发现和巧妙利用，顺天时，量地利，则用力少而成功多。

农田环境设计要根据定位、创意和内容选择乡土材料，最大限度地挖掘和发挥乡土材料的材质美，掌握其特性与加工技艺，因艺施材、因料施术；将乡土材料进行提升，与环境相协调，在基于保护的基础上展示农田环境的风俗文化；对其特征和形态进行探索，利用现代技术，将其转换、变形、简化和抽象，达到呼唤历史和展现现代的双重使命；对废弃的农田乡土材料，借助循环和再生技术，使其实现能量和物质的流动，如秋末的枯枝落叶就是新生命的营养肥料。设计时，还可直接使用原生植物，借鉴古典园林中的"诗格""画理"取材，给予农田环境诗画般的意境，如芦苇荡、荷花塘，传递农田环境的乡土气息。

农田环境中，最为常见的乡土材料资源有秸秆、稻草、茅草、水体、土地、山石等。水稻和小麦的秸秆及茅草是农田环境中所特有的资源。水稻收割的季节，将农田中的秸秆进行散放，任其自然地腐烂转换为肥料回归大地，"化腐朽为神奇"；将割下的稻秆卷成捆放置，可作农田环境小品，需要时则立即运走作为牲口的饲料；农作物的秸秆和农田周围的野草可用来搭建茅草屋和扎制稻草人、编制草鞋和草席等，这些都是人类智慧的象征和生活的写照。对于城市居民来说，城市中到处充斥着水泥混凝土，而农田环境中的茅草屋、茅草亭、草鞋、稻草人等则接近自然，生态环保，野趣横生，有着很高的教育意义和观赏价值。水体是自然界中最灵动的资源，设计时要将其自由的特性和农田环境的河流、道路相结合，形成农田环境中拓扑分形的灌溉系统，展示其"四喜"：一喜环弯；二喜归聚，三喜明净，四喜平和。根据水的深浅，依次种植挺水植物、浮水植物和沉水植物，巧妙地运用乡土植物，引导农田环境观赏视线的过渡。农田环境中的泥土是最具潜质的材料，因为它是最初始的原发性物质。山石材料具有自然的原真之美，将其布置在适当的地方，可引导农田环境空间的通道和走向，点缀其局部环境效果，也可利用碎石构建休闲的农田小路和农田边缘的挡土墙。农田环境中的乡土材料如今也在许多城市环境中运用，如以水稻为媒介的沈阳建筑大学校园规划、以甘鹿为主的厦门园博会鹿园、以玉米为主的芝加哥北格兰特公园艺术之田等。

（五）营造趣味环境小品

环境小品在农田环境中如同跳动的音符，是农田环境中最为清晰的视觉语言，通过不同的结构、材质、造型等，传递农田环境的地域文化。优秀的环境小品不仅是农田环境设计中的环境标识，也是其本身的文化载体。充满趣味的农田环境小品是游览者驻足停留空间中的构筑物，具有较强的视觉冲击力，对其设计宜精不宜滥，否则会大大降低其环境的视觉效果。

农田环境中的小品表现力强、题材宽泛，常见的包括稻草人、土地庙、风水树、亭台、指示牌、观景台、草垛、石碾、打谷场。井台、秧歌戏台、棚架等，通常还与一些雕塑或水景、石景等融合在一起，必须将其设计成为农田环境中的点睛之笔，做到趣味、精致、淳朴，促使农田环境更具特色，如农田环境观景亭中设置的石桌石凳，在其上面设计一些小箩筐，既能增加环境的趣味性，又能凸显对过去生产生活场景的追忆。

营造趣味的环境小品，首先，要赋予其准确的定位，超越传统的农田环境建设，挖掘其休闲观光功能，使普通的农田环境独具特色，实现生态价值、环境价值和社会经济价值的综合服务功能。其次，农田环境小品设计要具有一些与农田环境相符合的趣味造型，如箩筐、猪、簸箕、家禽等，消除农田周边私搭乱建、废弃垃圾、非规范标识等视觉污染；要基于农业生产或游客观赏游憩需要，从视觉美学和生态美学角度充分利用当地材质和原料；色调选择上以绿色为大背景，并综合考虑各种颜色代表的意象、象征及人们的心理等方面因素。再次，农田环境小品应具备完善的休憩设施，选址应符合游客观光游览偏好和习惯；符合主题且具有创意；制作材质应考虑能承受日晒雨淋和自然力的侵蚀；注意考虑老人、小孩等人群的特殊要求，地面铺装具有防滑功能；植被配置避免带刺及有毒有害植物。最后，注意整体的环境视觉效果，符合受众的直观接受能力、审美意识、社会心理和禁忌，避免引起反感和歧义；创造性地探求独特的艺术表现形式和创意造型手法，以凝练、精当的艺术语言，使设计具有高度整体美感；注意避免安全隐患，加强环境标识和指示牌、解说栏的设计，以便将旅游观光和科普教育相结合。

（六）鼓励广泛参与互动

农田环境的设计不只是一种政府的行为，也是一种大众的行为，其服务对象是广大居民。因此，设计要站在所有人的立场上，切实为他们着想，鼓励广泛参与互动，发挥农民、政府的意识和力量，突出农田环境设计的以人为本理念。《中国 21 世纪议程》中指出："公众、团体和组织的参与方式和参与程度，将决定可持续发展目标实现的进程。"

鼓励广泛参与互动是设计常用的方法，同样也适合农田环境设计。对于农田环境设计，首先，各级政府要健全法律法规体系，扩大对农田环境的宣传，提高所有居民对农田环境保护和发展的意识，避免领导干部瞎指挥，推动广大居民的积极参与，认真吸取意见，构建当地人的自我发展机制。与此同时，其设计必须强调城乡民众的需求，注重生产、生态、生活等功能，注重服务地方居民、经济和环境，促进农田环境全面发展和城乡一体化建设。其次，要在遵循保护的基础上保证居民的切身利益，充分发挥当地人的主观能动性，任何农田环境的设计都必须在当地居民的认可下进行；鼓励广大居民学习新知识，更新原有的农田环境理念，确定农田环境的符号特点时一定要与当地居民取得一致，应该深入人们心中，基于农田环境参与者的角度思考设计，促使大众改进自己的思想。最后，加强各地儿童的生产劳动教育，树立"劳动光荣，劳动最美"的理念；加强游客保护文化和环境的意识，通过合理的规划布局和引导，减少欣赏者对农田生产生活美的干扰，杜绝改变属于农田环境本身的价值取向和生活方式。

二、乡村经济作物园环境规划与设计

（一）林果园

现代林果园生产由于片面追求产量和经济效益以及单纯地大量施用化肥和化学农药，往往造成果实农药残留高，品质下降，甚至果树品种退化现象。大量施用化学农药不仅造成了环境污染，也损害了天敌，破坏了生态平衡。因此，乡村林果园的设计不仅要考虑产品的优质高效，还要考虑生态效益，要使两者有机地结合起来，同步协调发展。

1. 果园种群的选择和配置

乡村林果园中的种群是多样性的，由主要种群和次要种群构成。种群选择是指对果树种类和品种的选择。按果树区域化的要求和适地适树的原则确定适宜的果树种类和品种，作为果园中的主要种群。果树种类要多样化，以满足人类的不同需求；品种要良种化，以便其较长期具有竞争力。种群配置是指品种间、主要种群和次要种群间的合理配置。在宏观上应注意熟期的搭配，如在果园中要安排好授粉组合。次要种群主要是指蔬菜、瓜果、粮食等作物，按互利共生的原则合理间作。

2. 果园间作

为了充分利用地力、增加经济收益，果树定植后的 1～4 年，可利用行间间种矮秆作物、瓜菜等。间作适当，可增加果农收入。其间作的方式有以下三种。

（1）果树和农作物间作。枣粮间作是多年生长的高大枣树与农作物长年间作的立体农作制度。它比一般间作能更好地利用光照和土地资源，提高生产效益，并兼起农田防护林的生态作用，其产值高于纯粮田 2 倍左右。另外，果园间作豆科作物，既可培育地力，又可增加收益。

（2）果树和瓜菜间作。苹果园可间作辣椒、西红柿、茄子等，每亩可增收 500～600 元。在幼龄果园采用地膜覆盖，间作西瓜。早春覆盖地膜增温保墒，极有利于幼树成活旺长，地膜西瓜还可提早上市 10～15 天，一膜两用，壮树早瓜，效益理想。

（3）果树和牧草间作。在果树行间未完全遮阴前，可间作牧草，应选用矮生、匍匐、青草期长、生长势强、耐割、没有不定根和不定芽、不影响果树株间翻耕的品种，以达到果园以果为主，不妨碍果园田间管理、耐踏、兼有果园生草覆盖和保持水土等作用。

3. 立体复合栽培

果树树冠下和葡萄架下栽培食用菌、葡萄和药材是一种立体复合栽培结构。成龄果园树下或架下是一个弱光、高湿和低温的生态环境，很适合平菇的生长发育，平菇的废基料是优质的有机肥，可以改善土壤结构，培肥地力。另外，平菇在生长过程中所释放的二氧化碳可补充果树光合作用的需要，从而形成了一个互利互补的复合群体。

4. 果园覆盖

果园（尤其是幼果园）覆盖是一项良好的土壤管理措施。覆草覆膜可保持水土、减少蒸发和径流；能调节地温，有利于根系生长和休眠；灭草免耕；可改善土壤理化性质，培肥地力，提高果品产量和质量。据试验，果园连续覆草，苹果产量比覆草前提高 2.9 倍，一级果率也相对增加，并可减少落果的损伤率。

5. 果园生物综合防治病虫害

幼龄苹果园行间选择适宜的间作物，如早熟、矮秆作物或本树种苗木可减轻大青叶蝉对苹果幼树的危害。葡萄园间作黄瓜，其生育期分泌的九碳链会释放一种气体，对葡萄常见病虫害有抑制作用。果园覆盖改变了果树生境可影响某些病虫害的发生，避免和减轻其危害，达到防治的目的，如覆盖紫外线吸收膜，可以防治草莓的菌核病、灰霉病和轮斑病；覆盖银色膜可驱避蚜虫，并阻止蚜虫传播病毒。覆膜还可阻止树下害虫出土危害。果园养鸡可有效消灭土壤表面的害虫。

6. 综合开发与利用

目前，各地在乡村林果园资源丰富的地区，添加人文环境的设施和交通通信等配套设施，逐步开发建成新的农业生态休闲旅游园区；合理布局规划，在接近国家级旅游胜地的附近地区或必经路段，建设森林生态旅游长廊；利用奇特的自然地貌，设计营造观赏价值较高的林果植物群落。

卢梭曾告诫人们："总有一天人们会厌恶毫无乡野气息的公园。"经济发展了，人们的生活水准和消费层次日渐提高，特别是久居城市的人们渴望有更接近自然的休闲娱乐场所，单调而千篇一律的城市公园已不能充分解除城市的喧闹和疲惫。因此，在乡村营造集生产、休闲、观赏、娱乐、住宿于一体的观光果园和森林公园，不仅可以大大丰富城镇居民的业余生活，又可绿化荒山荒滩，获得理想的生态效益和社会经济效益。

（二）中药文化体验园

在尊重自然和保护生态环境的前提下，中药文化体验园的环境设计应和场地所在区域的整体环境相协调，符合中医药文化的整体观思想理论，不能割裂周边环境的整体样貌，更不能以破坏自然生态环境为代价进行环境建设，并且在植物环境营造时可以借助中医药五行理论进行配置，园区内各环境要素的设计也应具有连贯性，确保园内环境元素之间协调统一，形成体验园环境的整体风格。

1. 中药文化体验园环境设计的流程

（1）前期分析

前期分析是科学地对园区场地周边的社会经济条件以及植物、土壤、水文、气候之间的关系进行分析研究，并对项目所在区域的规划进行上位分析，掌握周边类似项目的情况，明确园区环境设计的主要内容，为接下来的规划设计提供详细准确的资料。

①收集中药园的基础资料。收集基础资料是指整理与园区相关的区位条件、环境气候条件和图纸文件等相关文献。在资料收集分析之后，需要对项目场地进行实地调研，收集场地水文、地形、植被和建筑等信息，并拍摄现场图片资料，将实地调研资料与初步文献资料进行科学比对与分析并得出现状报告，这些报告是项目进行选址、规划布局的理论依据。

②分析中药园的项目条件。园区场地条件的分析结果为接下来进行的环境设计提供了第一手资料，并且对园区既定的发展目标也能起到修正作用。

③制定中药园的发展目标。在完成对场地的现状分析并找出项目的发展优势与限制因素之后，根据不同场地的立地条件，结合当地的环境条件和社会经济发展状况，预测体验园的发展前景，为园区选择最佳的发展模式。在规划设计时应趋利避害，利用项目园区发展的有利条件，充分考虑园区的环境性、生态性和功能性，并以此为基础制定切实可行的发展目标，在实现园区健康发展的同时应兼顾环境效益和社会效益，为园区的可持续发展创造条件。

（2）设计理念构思

完成场地现状分析之后，应将园区发展的有利条件运用到园区的规划设计中，营造一个具有丰富文化内涵的环境。中药文化体验园在进行环境设计时应以体现中医药文化精神内涵为主，遵循因地制宜、适地适树原则选择乡土树种，展示地方特色中医药文化与中药材，结合具有地域特色的民俗风情、节日习俗等多种地域文化，设计营造出具有文化内涵的环境氛围。每个中药文化体验园所处的地域都有着不同的文化背景，园区的环境设计应结合项目的实际情况，确定主题和找准功能定位，利用当地环境文化元素进行环境设计，以科学的布局和文化内涵以及丰富的环境烘托园区的主题，确定园区的主题定位。

在功能定位方面，中药文化体验园的功能往往是多方面的，并且有主次之分，所以在进行园区功能类型定位时，应结合项目自身条件、主题定位和产业发展方向等条件，来确定中药材生产、休闲观光、科普教育和科学研究等功能的主次地位，实现经济、社会和生态效益的同步发展。

（3）总体布局

在完成前期分析和设计构思之后，应依据环境生态学原理，对中药文化体验园的整体环境功能区进行科学合理的布局并控制好体验园的规模，让每个环境功能区都能更好地发挥服务功能。各环境功能区应相辅相成，保证每个环境功能区都有独立性和完整性并符合体验园整体规划的要求。在进行功能区总体布局时，应将相似的服务项目放置在同一个环境功能区中，注意动静分区并且确保每个功能区都有主题和拥有与之对应的服务功能，形成环境功能斑块大集中和小分散的布局特点。植物环境的总体布局也应突出观赏性药用植物的群体美和个体美，实现园区的外围环境、整体环境和局部环境相协调，规划出井然有序、脉络清晰并具有空间美感的空间环境。

（4）功能分区

中药文化体验园作为农业观光园的一种类型，具有明显的经济属性。结合观光农业的功能分区模式，将全园分为五大功能区，分别为入口服务区、生产种植区、文化展示区、观光体验区和管理服务区。

①入口服务区。该区是整个园区对外展示形象的窗口，由入口集散广场、停车场和服务接待区组成，是体现地方特色的文化展示区。它是整个园区重点打造的对象，对环境设计营造有着较高的要求，在设计时既要体现中药文化体验园的特色，也要以中医药文化作为入口服务区设计的灵感，进行特色文化环境的设计与营造。

②生产种植区。该区是园区主要的中药材种植区域，通过现代化、集约化和智能化的管理，向游客展示现代农业的科学管理、科学种植和现代农业种植技术，也可在不影响中药生产的前提下，设置一些诸如采摘、药材识别等体验活动。

③文化展示区。该区是传播中医药文化的主要功能区，作为传播中医药文化和特色民俗文化的主要场地，设有药茶品尝、药膳制作和中药炮制等参与体验性活动。

④观光体验区。该区在功能区中设置一些诸如住宿、餐饮和购物等服务性功能，并且应设置可供游客参与体验的项目，如药田观光、亲子娱乐和药材识别采摘等，游客可以体验药农的生活，满足游客情感化和休闲化的体验式旅游需求。

⑤管理服务区。该区是园区的办公管理、科研实验和餐饮住宿的场所。

（5）体验设计

俞孔坚认为环境体验是设计之源。"以人为本"是环境设计的首要原则。在进行中药文化体验园规划设计时，应在"人本观念"的基础之上进行环境的设计和功能体验设施的布置。园区的功能体验设施既要满足游客多样化的体验需求，也要有自身的特色。根据体验类型的不同，中药文化体验园可以从休闲体验需求、文化体验需求和精神体验需求等方面开展体验性设计。

休闲体验需求在具体的活动策划上主要是指和中药有关的体验活动，如药浴体验、花精油提炼、药膳品尝、药茶制作、四诊疗法体验和针灸；和药事劳作有关的体验活动，如中草药的种植、药材采收与炮制；和运动养生有关的体验活动，如太极拳、五禽戏；以及和购物有关的体验性活动，如赠送小礼品等。

文化体验需求则可以通过展板、文化长廊、微电影、中草药种植基地、中药博物馆和环境雕塑小品等方式对传统中医药文化进行展示来实现，如对名医名药知识展示、中药发展历史知识展示、药事耕作知识展示等。

精神体验需求可以通过营造中医药文化主题浓厚的环境，让游客进行人生的思考，探索人生的禅意。

在进行中药文化体验园规划设计时应注重体验性环境的设计，形成"一步一景，一景一体验"的环境特色，让游客体验到多样化的视觉美、触觉美、嗅觉美、味觉美和听觉美。

（6）道路交通系统设计

对于中药文化体验园来说，园路是园区环境构图的重要组成部分，也是贯穿全园各环境区、环境节点的脉络与骨架，起着组织交通、分散人流、引导游览和提供漫步休憩场所的作用。园路本身也是园林环境要素之一，蜿蜒起伏的园路曲线、富有寓意的精美图案能够为游客带来美的享受。在布置园路系统时，应满足园区对道路的基本功能需求，如药材的生产运输，也应注意道路使用的便捷性与舒适性，方便游客进入各个环境功能区。园路的整体布局需符合环境生态学原理，可与观赏性药用植物、文化雕塑小品、水体、长廊、环境亭和花架等其他环境元素进行紧密结合，以营造出"因景设路""因路得景"的环境效果，让园区环境的整体布局更具艺术性。

园区的道路主要以自然式布局为主，主要道路和次要道路应以沥青和水泥为主要材料，以满足行车要求；在中药生产种植区可以采用规则式道路布局形式，以方便中药材的种植与管理；游步道应选择最佳位置和角度进行布置，以方便游客观赏环境，在游步道形式选择方面，应采用自由曲线和宽窄不定的变形路形式，以符合园区自然式的整体风格，而在材料选择上应选用木头、卵石和石板等生态材料而减少水泥和沥青等人工材料的使用。

在道路分级方面，园区的道路系统一般由主干道、次干道、游步道和生产道四级组成。主干道一般 6～7 米宽，坡度应小于 8%，起到环境的骨架作用，把园内几大功能区串联在一起，形成便利的交通；次干道一般 3～5 米宽，坡度应小于 12%，一般和主干道相连，起到连接各功能区的景点作用，是到园区景点的路径之一；游步道一般 1.5 米宽，坡度应小于 18%，可以延伸到小的园区环境节点；生产道一般 0.5 米宽，方便园区药农和农技人员深入药田进行种植与检查。

2. 中药文化体验园环境要素设计的方法

（1）自然环境的设计

①地形要素设计。地形是环境的骨架，优秀的地形设计可以弱化人工环境和自然环境之间的界限，让园区内外环境融为一体，可营造出具有不同空间感受的环境空间。对于地形变化大的场地，在地形处理手法上就需要因势造景，如坡度较陡的地方，显然应用普通的地形处理手段无法满足造景要求，这时就需要因地制宜地成片种植开花的药用植物，如杭白菊、薰衣草和红高粱等，营造出梯田花海环境；地形较为平坦的场地则通过模山范水，营造出植物生长所需的小气候，为植物群落提供一个适宜植物生长的生境，并且布置一些药材生产环境，有利于形成多样的园区环境层次。在环境设计时，处理好场地地形不但有利于构造多样的植物群落环境，而且能缓解排水系统的压力，如上海辰山植物园的岩石和药用植物园的山体都把辰山作为环境的一部分，场地内的坡度有利于通过地势进行自然排水，凸显环境的丰富性和特色。

②水景要素设计。一个出色的水景设计可以形成透景线，成为环境的点睛之笔，让整个园区环境活起来。水景是中药文化体验园环境设计的一项重要内容，对园区内的生态环境也有重要的调节作

用。幽静空间应与静态水景相结合，让人感觉到安静和柔和；运动健身空间应与动态水景相结合，使人感觉兴奋和欢乐。动态水景与静态水景恰似阴阳二物，保持着动态平衡；水景也具有可观、可触、可听和可闻等感官感知的外在美，一个优秀的水景设计能够带给游人不同的感官体验。

一般水体做成自然曲折的形态，可以运用喷泉、旱喷和溪流实现理想的环境效果或结合地形处理手法创造出蜿蜒曲折的水流，形成一个小型精致的水面，如杭州植物园百草园中类似"L"形的水体。

③植物要素设计。植物环境要素的设计要统筹考虑观赏性与经济性。造景植物的选择应尽量以本地树种为主及适宜本地气候条件的其他观赏性植物，也应适当考虑种植一些可采摘的果树、红花油茶等经济作物；药用植物是表现中医药文化的主要环境载体，因此在中药文化体验园中，药用植物的环境设计便显得尤为重要。在进行植物环境设计时，园区规划设计人员应该对所涉及的药用植物都比较了解，并将药用植物作为环境设计的主体，结合常见的园林观赏植物，合理配置出层次丰富的植物环境，有利于增强环境的观赏性和可持续性；在植物种植方式上，根据中医药文化的阴阳五行学说和四气五味药性理论，选择具有养生保健功效的药用植物，按照药效、养生保健功效、五行归属和文化寓意等进行植物的选择与配置。例如，可以将人参白虎汤和桂枝汤等著名药方里的中药植物依据药方内容进行趣味种植，同时结合环境小品来介绍功效，起到寓教于乐的作用。

（2）生产环境的设计

生产特性是农业观光园的一个重要属性，中药文化体验园也有经济生产环节，应通过艺术的设计手法，让文化、经济生产与环境三者有机结合，以形成生产环境。农业观光园中一般有游憩型、体验型和科普型三种类型的生产环境。中药文化体验园中也存在着这三种类型的生产环境。

①游憩型生产环境设计。游憩型生产环境主要功能是观赏游憩，中药文化体验园中的游憩型生产环境主要以药圃环境、采摘农业环境和经济林环境为主。在生产种植区，应大面积种植中草药，营造出具有环境识别性的药圃花海环境，如"浙八味"药材的种植基地，杭白菊开花之时会形成独一无二的具有一定芳香疗法功效的花海环境；另外在药圃的边缘也应种植一些彩叶乔木与其他生态林，作为药圃花海的背景，有利于形成富有层次的生产环境。

②体验型生产环境设计。体验型生产环境将参与体验作为主要的功能，具有明显的娱乐性特点。中药文化体验园中应组织一些体验性娱乐活动，如中药采摘与炮制、药浴体验和药膳制作等，再结合一些与药事有关的环境小品，如药碾、药臼和研钵，方便游客进行参与性体验，增加园区环境的多样性与趣味性。

③科普型生产环境设计。科普型生产环境将科普教育作为主要的功能，重在展示中医药文化历史和科学知识，游客可在游憩、体验的过程中了解到中医药文化知识，实现寓教于乐，让环境具有积极的教育意义。

（3）人工环境的设计

①建筑要素设计。园区配套的服务性管理建筑，如杂用房、公共场所、设备间、员工宿舍和员工食堂等对外观没有特别的要求，一般应设置在交通便利并且对园区整体环境没有影响的地方。一些游客经常出入的建筑场所，如茶室、文化展示馆、购物中心和温室大棚等，其外观既要体现园区的主题和地域文化，也要和园区整体环境相协调。

在设计建筑环境时，应确保不同使用功能的建筑在风格上协调统一，这也是中医药文化整体观的一种体现。建筑一般以古朴自然的风格为主，色调不宜过亮。在进行园区环境建筑规划时，既要使园区拥有中医药文化的展览馆和供游客参与体验的文化养生馆，也要设置一些供游客休憩的亭和廊等。在营造建筑环境空间时，通常运用植物与建筑单体进行联合造景，如运用乔木来掩映建筑，在建筑周围种植一些观赏性药用植物，通过植物与建筑联合造景增强园区环境多样化的环境效果。

②环境小品设计。环境小品的设计需要满足体量小、外形新颖、功能易识别和体现地域文化等要求。在材料选择上一般选用以木材和石材为代表的自然朴实的材料；在外形上一般要有不同的轮廓外形和鲜明的色彩；在功能设计上要进行人性化的设计，如运用人体工程学的知识进行桌椅的设计，满足实用、好用和用着舒服的标准。

中医药文化有着丰富的文化元素，包括与药材使用有关的戥子和熏炉、与行医有关的葫芦、与药材储藏有关的药罐和与药材加工有关的药碾等一系列文化元素，这些文化元素可以通过雕塑小品的形式进行艺术性地再现。并且，这些雕塑小品和药用植物环境相搭配，有助于彰显园区环境的文化底蕴。

③道路铺装设计。铺砖有助于展现园区环境的细节美，也能体现各个环境功能区的主题，是不可或缺的环境要素设计内容。文化性强和内涵丰富的铺砖也是中医药文化传播的主要载体，可以通过艺术手法在文化铺砖上再现与中医药文化有关的文化符号元素，如将中国传统的"五禽戏"这一养生运动融入道路铺装设计中，制成"五禽戏"地雕铺砖，将其应用在道路与养生广场铺装中，有助于传播"五禽戏"这一健体养生运动。

三、庭院生态农业环境规划与设计

由于目前农村住宅中每户的宅基地都有一定的规定标准和使用要求，因此农村住宅的庭院环境设计既要结合住宅平面设计，形成合理的布局方式，又要尽可能地节省宅基地面积。农村住宅庭院的功能分区主要解决的问题是脏净分隔明确，以便创造良好的居住卫生条件，美化环境，在有限的空间中寻求生产系统、生活系统与生态系统的和谐统一。

当前国内庭院生态经济的研究认为，缩小住宅面宽，加大进深，使瓜菜、禽、畜用地占宅基地面积的 40％左右，经济效益最显著。因此，在庭院规划上要体现出宜种则种、宜养则养、宜加工则加工的特点。为了增加院落面积，经济欠发达地区可选建平房，待经济好转后再更新换代着手建楼房，扩大庭院面积；经济发达地区可提倡建设二层或三层楼房，这样可使庭院面积大一些。在发展养殖业的地方，可以在庭院中建猪圈、牛舍、羊圈、貂舍或养鹅、养鸡、养鸭、养兔的棚舍；在发展经济作物种植业的地方，可以在庭院中种菜、种瓜、种果、种药、种植花卉等；在大力发展加工业的地方，庭院可作为加工食油、粉皮、粉条、豆腐、豆芽以及服装、皮毛、手工纺织、工艺美术品等的生产作坊用地。同时，汽车库也可设在院内，住房层数为二层或三层的底层可作为起居、住宿使用，三层则灵活一些，可作为娱乐活动室、电视间等。总之，要通过合理规划布局让有限的庭院发挥最大的经济效益。

（一）仓房

仓房可供储存小农具、日杂用品和饲料等物。仓房的建筑面积一般为 12～15 平方米，农民习惯多在住房前面的两侧位置修建，为厢房形式，俗称"小下屋"；也有的与住房山墙连建在一起，形成耳房形式；也有的把仓房与住房合建在一起，使院落既规整，又节省建筑材料，这种形式在南方的居民点中最常见。

（二）圈舍

庭院生态经济倡导养牲畜，所以庭院规划应有圈舍，一般占地 10～12 平方米。在规划设计中，主要采用砖、石材料建成永久性的猪舍和围墙。圈舍要有好的朝向，不开设北门，这样有利防寒保暖和猪的肥育。圈址最好远离住房，一般多在院墙和进户门的一侧布置，方便运土起肥。

（三）厕所

农村厕所布置有两种方式：一种是公用厕所，设在村内道路的一侧或适当的角落里；一种是院内设独用厕所。一般都采用后一种，因独用厕所不但使用方便，也为各家积肥创造了条件，有利于调动农民积肥的积极性。为减少污染源，规划时最好把厕所和猪圈设在一起，但要注意人粪便与猪粪便严格分开。

（四）柴堆

农民各户柴堆一般占 24 平方米的用地面积，柴堆高一般达4～5 米，规划中应予考虑。柴堆位置要远离住房，注意防火。为提高院内面积使用次数，柴堆可与菜地重复使用，如秋后蔬菜收获，菜地可堆柴，到来年春季，柴堆变小了，又可腾出菜地。

（五）菜地

规划时要留有适当的菜地面积，既吃用方便，又节省开支；同时，院内种菜兼具庭院绿化和美化环境的作用。

（六）果树

我国农民多在自己院内栽种几棵果树，如海棠、李子、苹果等，有的还种植葡萄。果树最好在前院种植，以利观赏，美化环境，但要注意不能遮挡住房的阳光。

（七）菜窖

窖贮是北方冬季主要的贮菜方式，菜窖一般使用达 6 个月之久，占地一般为 10 平方米左右，可与菜地互用。菜窖也可与仓房合建在一起，地下砖砌菜窖，地上修建仓房，可节省用地。

（八）鸡架

农民各户均有，有的还养鸭、鹅、兔等，最好在院内再规划出饲养小院，供家禽活动，有利于卫生。

（九）沼气发生池

沼气是现代能源之一，有广阔的发展前景。北方冬季寒冷，为保证沼气池所需温度，有的把沼气池建在厨房和居室的火炕下，有的在沼气池上搭设塑料棚，棚内又可当温室种植蔬菜，也有的把沼气池放在室外的院落里，上面堆垛柴草防冻，保证一年四季都能使用沼气。沼气是庭院规划中的一个新内容，必须合理地安排位置。

（十）庭院围墙

围墙能使庭院完整，有利村貌整齐，又能阻拦禽、畜乱跑，围墙最好与农民住房一次建成。围墙最好是砌筑矮砖花墙，也可是夹设木板、树枝、作物秸秆的篱笆；公共建筑的庭院周围还可培植绿篱笆。

第四章　乡村生态建设

　　生态文明建设是"乡村振兴"的重要内容，要想"乡村振兴"符合可持续发展的要求，就必须尊重农村原有的生态环境，因为美好的生态环境就是农村发展的最大优势和宝贵财富；"乡村振兴"又是生态文明建设的重要保障，随着城市化程度不断提高，农村发展成为当前新时代中国发展的关键领域，如何实现城乡的协调发展成为当前必须解决的问题。针对这一问题，党和政府提出了"乡村振兴"战略，全方位促进现代农村的发展，农业是我国经济的重要保障，农民是我国生产力的生力军，农村生态是我国生态文明建设的重要一环，只有搞好农村的经济、政治、生态建设，我国的生态文明建设才有坚实的基础，"乡村振兴"战略不仅是农村发展的新动力，而且全面支持和保障了生态文明建设，二者是相互联系、密不可分的。

　　从生态学视角来看"乡村振兴"，不仅能够促进乡村经济、政治、文化的振兴，而且可以还乡村建设一片绿水青山，创造新时代我国乡村的新风貌、新气象，建设一个更加富强、民主、文明、和谐、美丽的中国。生态文明建设是现代化农村建设的重要内容，只有生态文明得以顺利完成，才能使农民同城市居民一起共享改革创新的成果。振兴乡村不仅要求农村经济平稳增长，文化生活更加丰富，更加要求生态环境全面改善。因此，"乡村振兴"的真正践行，有两个方面必须注意，方可保证农村的生态水平不断提高。

　　第一，发展乡村绿色产业。要实现乡村经济的长远和可持续发展，必须以保护自然的生态文明理念为抓手，努力改变乡村经济发展的传统固有模式。在生产过程中，探索一条属于农村、适合农村、突出特色的农村绿色产业发展之路，以此来实现乡村经济的振兴，保证绿色兴农和质量兴农。首先，农村绿色农业的发展应该转变传统生产方式，创造以绿色食品生产为重点的农业生产经营方式，农作物的种植除必要的人力付出之外，要使农业的生产、经营等向着高效化和集约化方向发展，不再依赖大型农机具、农药等，而是遵从可持续发展的原则，在农产品的经营方面更多地利用生物内在的循环机制，充分利用农村生态系统的全部能源和要素，同时要将最新的农业科技成果与农产品的种植结合起来，运用现代化管理手段，促进农村的第一、第二、第三产业综合发展，根据各地乡村特点和环境特色，制定合理的规划，发展各乡各村的特色绿色产品，追求以品质为保证的生态农业。其次，乡村绿色工业的发展也同绿色农业的发展一样，必须以可持续发展为目标，合理使用农村的各种能源和要素，自觉保护环境，生产满足人的需要的产品。乡村产业要不断提高生产的技术水平，降低生产过程中的能耗，促进机械设备的升级，对于一些高污染和高消耗的工厂进行有效、彻底、长期的管理，进行长期、严格的监督。另外，对于已经产生的工业废弃物，要利用科学技术转化为可以利用的资源，让农村企业不仅收获经济效益，更能收获社会效益。

第二，打造乡村生态文化。"乡村振兴"计划除了产业的振兴，文化的振兴也是重要方面。改革开放以来，农村的产业发展水平明显提高，但文化发展一直是薄弱环节。乡村的生态文化不是一蹴而就的，是长时间的累积和创造所形成的，针对现如今农村存在的问题，有以下应对措施：首先，关于乡村生态保护知识的宣传，除了定期进行环保宣传活动，大力倡导绿色低碳的生活，我们更应该将现代的科学技术运用到乡村中，随着互联网和智能手机等新媒体的普及，各村可以建立具有自己特色的生态文化网站，改变古板的方式，融合各村的本土特色，在网站上公布自身最新的生态建设成果和以后需要改进的地方，使得生态文化的宣传得到更多人的关注。其次，要想营造农村地区良好的生态文化氛围，需要加强对乡村居民的教育，积极组织以"绿色生态"为主题的教育活动，让农民理解乡村生态文化的内涵和保护乡村生态环境的重要性，教授他们关于节约资源和保护周边环境的方法，并将其运用到生活中去。

"乡村振兴"计划是一项艰巨又长久的任务，而生态文明是新时期人类先进的生存状态，生态文明建设的理念在乡村的运用是"乡村振兴"全面实施的重要方面。从生态学视角出发，基于目前"乡村振兴"计划下农村的环境状况，认真分析"乡村振兴"下农村的生态困境及原因，提出在实施"乡村振兴"战略过程中我们应该遵循的正确的生态路径和建设方式，是推进"乡村振兴"进程的重中之重。因此，我们要在党的领导下，努力处理好经济振兴、文化振兴和生态振兴的关系，最大限度地发挥农村已有的优势，弥补不足，以此实现城乡的协调发展，推动新时期农村的繁荣和可持续发展。

第一节 乡村文化的生态价值

党的十九大报告提出了"乡村振兴"战略。在 2017 年 12 月 28 日的中央农村工作会议上，习近平总书记提出："'乡村振兴'，既要塑形，也要铸魂，要形成文明乡风、良好家风、淳朴民风，焕发文明新气象。"文化是"乡村振兴"之魂，而优秀传统文化更是其根脉所在，是"乡村振兴"的内生动力和精神支撑。中华文明植根于农耕文明，乡村优秀传统文化振兴是从文化方面维护好国家、民族永续发展的根基。但是随着城镇化的快速推进，乡村优秀传统文化的很多重要载体已经消失或者正在消失。面对现代化浪潮，我们应对乡村优秀传统文化的价值进行再认识，这既是"乡村振兴"战略的题中应用之义，也是使乡村成为现代化的"稳定器""蓄水池"的必然要求，更是中华民族伟大复兴的内在规定。

一、乡村优秀传统文化传承发展面临的机遇与挑战

当前，乡村优秀传统文化传承发展既面临机遇也面临挑战，这要求我们对其价值进行再认识。

— 77 —

（一）从理论层面看，关于乡村优秀传统文化内容和价值的研究还不够系统、全面

国内关于乡村文化的研究可以追溯到 20 世纪 20 年代的乡村建设运动，主要代表有晏阳初和梁漱溟。此后，费孝通在《乡土中国》中把中国社会概括为具有乡土性。中华人民共和国成立后，特别是 21 世纪以来，关于乡村文化的研究越来越多，但关于乡村优秀传统文化的研究相对较少，关于乡村优秀传统文化的内容和价值的研究则更少。有学者从理念、制度和知识三个方面来理解乡村优秀传统文化，但未对其进行详细阐述。有学者从"天人合一"的生态观、"乌鸦反哺，羔羊跪乳"的朴素道德观、"出入相友、守望相助、疾病相扶"的良善交往原则、恬淡的人生态度等方面来理解乡村传统文化，但也没有进行详细阐述。近年来，乡村的未来成为很多学者关心的问题，关于乡村文化的价值研究也逐渐被重视起来。有学者从道德教化功能、价值引领作用、"乡村振兴"之魂、接续优秀文脉的重要途径等方面讨论了乡村文化的价值。有学者着重研究了村落的价值，认为村落具有农业生产价值、生活价值、生态价值、文化价值、教化价值和社会价值，这对乡村优秀传统文化的价值研究具有一定的启发意义。从以上研究可以看出，学界对乡村传统文化的内容、价值进行了相关研究，但是对乡村优秀传统文化内容的阐述还不够，呈现出研究体量小、过于分散的特点。显然，对乡村优秀传统文化的价值还需要进行更深入和系统的研究，局部、静止、表象的认识不利于对乡村优秀传统文化价值的挖掘。

（二）从实践层面看，乡村优秀传统文化的传承发展机遇与挑战并存

当前，"乡村振兴"正处于关键的转型期和过渡期。如果对乡

村优秀传统文化认识不清晰、不到位，就会出现理解上的偏差或者具象化问题。所谓"具象化"，是指一提到乡村传统文化，就会联想到传统仪式性的内容，而未能深入理解这些仪式后的深层次的文化内涵。对乡村优秀传统文化的具象化理解，自然不能充分认识到乡村优秀传统文化的作用，也无法充分发挥其服务"乡村振兴"战略目标的作用。

当前物质财富更为雄厚，我们可以把许多传统村落的房屋保护起来，可以挖掘各地的非物质文化遗产，通过对传承人的扶持和资助来保护非物质文化遗产，可以将传统的音乐、舞蹈、书画、生产工艺、饮食、服装、风俗、礼仪甚至房屋、区域等一切传统文化作为遗产保护起来，但我们必须认识到形式的保存甚至翻新，无法阻挡乡村传统文化的衰落，因为它们是传统文化的果而不是根。简单地把它们收集、罗列和展示，甚至推荐推广，利用它们作为文化教育和旅游观光的素材，也无法让传统文化真正兴盛起来。这要求我们在乡村文化建设中清楚地认识到，对乡村优秀传统文化的认识既要注重"形"，更要注重"魂"，要深入挖掘乡村文化载体所蕴含的优秀传统文化内容。具体来看，可以从理念、制度和知识三个层面来概括乡村优秀传统文化的内容。从理念上看，乡村优秀传统文化具有天人合一、生生不息、耕读传家和尊老爱幼等内容；从制度上看，乡村优秀传统文化有教育制度、宗族制度、救助制度等内容；从知识上看，乡村优秀传统文化有传统节庆日、乡风民俗、传统技艺等内容。只有深入挖掘优秀传统文化内容，才能弘扬其精华。

在"乡村振兴"战略下，达成这一共识尤为重要和紧迫。没有对乡村优秀传统文化的深入认识和广泛认同，就认识不到乡村优秀传统文化在当代和未来的乡村建设中所具有的价值，更认识不到乡村优秀传统文化在中华民族伟大复兴中所发挥的重要作用。

（三）从价值层面看，乡村优秀传统文化面临价值危机

传统乡村社会正如费孝通所说："乡土社会在地方性的限制下

成了生于斯、死于斯的社会。"但是随着现代化的深入推进，传统乡村社会发生了巨大变化，用一句话来概括就是："乡村社会日益从封闭的、不流动的'熟人社会'走向开放的、大流动的'陌生人社会'，或者'半熟人'社会。"环境的变化必然带来乡村优秀传统文化的变化。在与城市文化相碰撞的过程中，乡村优秀传统文化一方面由封闭走向开放，另一方面也逐渐失去自身的载体与基础。

一是乡村优秀传统文化的物质载体受到冲击。长久起来，有这样一种声音："现在正是我国推进城镇化的关键阶段，在国家层面为什么要提出实施'乡村振兴'战略？"这种声音所折射的思想是：城镇化必然是城市逐步覆盖农村的过程。近年来，人们也逐步认识到这种思想的误区，因为即使中国的城镇化率达到70%，农村也至少还有超过4亿人口，因此我们必须把农村建设好。但当前乡村发展面临的实际情况却是其各个方面都受到城市的强势碾压，"乡村文化的生存空间受到了严重挤压，传统乡村文化的载体缺失、老化严重"。在传统乡村社会，农民的生产活动主要围绕农耕生产而进行，乡村文化节日也都是按照农时节气依次展开的，节庆和婚丧嫁娶的活动流程和内容构成乡村文化的传承载体，戏曲歌舞是农民喜闻乐见的文化形式。但是，现在这些载体正在逐渐减少，一些节日活动也流于表面，被现代化的生活方式替代。乡村"空心化"也使得乡村传统文化赖以生存和发展的物质基础条件遭到破坏。

二是乡村传统文化价值观日渐式微。随着现代化的深入发展，消费主义、个人主义、功利主义、物欲主义侵蚀着乡村文化，也对村民的价值选择产生重要影响，导致传统文化价值观日渐式微。村民更关注自身的物质利益需求，更在乎如何抓住眼前的机遇为自己创造物质财富，而使精神生活无所依托，也使乡村传统文化失去了生存的基础，导致乡村传统文化价值观丧失了在乡村治理中的主导地位。此外，"农村是落后的、城市是先进的"认识误区，更使得村民对乡村传统文化价值观产生认同危机，从而陷入了传统价值观和现代价值观相冲突的尴尬、无序境地。

二、乡村优秀传统文化价值再认识的基本维度

"乡村振兴"战略对于乡村传统文化发展是一次重大的机遇，但其中也蕴含着危机。一方面，"乡村振兴"战略为乡村传统文化的振兴提供了平台，为乡村优秀传统文化的创造性转化和创新性发展提供了机会；另一方面，如果对乡村优秀传统文化认识不到位、建设政策不配套，那么无疑会破坏乡村传统文化的根脉。因此，对乡村优秀传统文化的认识，需要"鲜明的国家立场、理性的社会共识、明确的个体担当"。只有这样，才能在实践中保存和发展好乡村优秀传统文化，使其在"乡村振兴"中更好发挥能动作用。对乡村优秀传统文化价值的再认识，可从三个维度来看，即从思想维度来理解乡村优秀传统文化发展的新思路，从时间维度来把握乡村优秀传统文化的历史价值、时代价值和未来价值，从空间维度对乡村优秀传统文化进行多维价值评判。

（一）从思想维度来理解乡村优秀传统文化发展的新思路

从思想之维对乡村优秀传统文化进行再认识，就是要重新认识乡村优秀传统文化在国家发展进程中所发挥的作用，站在国家战略高度来重新定位乡村优秀传统文化的价值。党的十九大报告提出"乡村振兴"战略："要坚持农业农村优先发展，按照产业兴旺、生态宜居、乡风文明、治理有效、生活富裕的总要求，建立健全城乡融合发展体制机制和政策体系，加快推进农业农村现代化。"这是"乡村振兴"发展的新思路，也是乡村优秀传统文化振兴的新思路。城乡统筹向城乡融合战略的转变，标志着乡村地位的提高，要改变传统"用建设城市的思路改变乡村"的认识。乡村和城市各有各的特点和功能，不能将建设城市的经验简单复制到乡村建设上。乡村建设要有乡村的样子，这是未来新农村建设的总体要求，"要在乡村与城市差异的基础上实现城乡功能的互补，这是城乡融合的真谛所在"。因此，要在这种新型城乡关系背景下研究乡村优秀传统文

化的价值。

乡村优秀传统文化和城市文化具有不同的特质。城市文化的特质是更具包容性、融合性、多元性，而乡村优秀传统文化的特质则是更具民族性、地域性、特色性。除此之外，乡村传统文化相对于城市文化更具有自给自足性、可循环性、低碳性，更有助于平和人生态度的培养，这些都是追求美好生活的重要组成部分。显然，乡村优秀传统文化的特质是城市文化无法取代的，所以在实施"乡村振兴"战略进程中要充分发挥好乡村优秀传统文化的这个特质。

古人云："礼失而求诸野。"乡村中蕴含着丰富的优秀传统文化，如上文中提到的"天人合一"、生生不息等文化理念，宗族制度、教育制度等制度文化，传统节庆日、乡风民俗等习俗文化，这些优秀文化是建设和谐社会、生态文明的宝贵财富。建设和谐社会和生态文明，一定要充分发挥这些优秀传统文化的功能。如果忽视这些优秀文化资源，另起炉灶，只会让乡村文化建设失去根基。因此，为了使乡村优秀传统文化得到更好的传承和发展，要深入挖掘乡村优秀传统文化，对其进行再认识，为乡村文化振兴提供依据。

（二）从时间维度来把握乡村优秀传统文化的历史价值、时代价值和未来价值

对乡村优秀传统文化进行时间维度的再认识，就是把握好乡村优秀传统文化的历史价值、时代价值和未来价值，并使三者融会贯通。

首先，认识乡村优秀传统文化的历史价值。当代中国的快速发展已经让许多人忘记了乡村的样子，几十年来的城乡差异，更让很多人有这样一种认识：光鲜亮丽的城市生活代表着进步，平淡甚至贫困的乡村生活代表着落后，进步必定会战胜落后，传统乡村终将被淘汰，因此根本不需要去认识传统乡村的样子。至于传统乡村所具有的文化基因，更易被忽视、无视。现在人们已经逐渐认识到这

种思想的误区，因为中华文明植根于农耕文明，而农耕文化又是乡村优秀传统文化的重要组成部分。正如习近平总书记所说："乡村文明是中华民族文明史的主体，村庄是这种文明的载体，耕读文明是我们的软实力。"正是这些思想文化的传承，才使得中华民族能够代代相传、生生不息。因此，对乡村优秀传统文化历史价值的认识，有助于保持乡村优秀传统文化的延续性。对国家、社会、个体而言，对乡村优秀传统文化历史价值的认识，有助于回答"我们从何而来"这个问题，更有助于重塑文化自信，促进人民群众的文化自觉，实现建设文化强国的目标。不管社会的文化基因如何进化，其核心都是不会变也不能变的。只有坚守乡村优秀传统文化基因，现代"乡村振兴"才有可能成功，否则会"水土不服"，造成乡村文化建设事倍功半。

其次，立足当下认清乡村优秀传统文化的时代价值。乡村优秀传统文化并没有过时，其对当前乡村文化建设依然发挥着重要作用。正如马克思所说："人们自己创造自己的历史，但是他们并不是随心所欲地创造，并不是在他们自己选定的条件下创造，而是在直接碰到的、既定的、从过去继承下来的条件下创造。"这也意味着，乡村文化振兴不是对传统文化的完全抛弃，而是要对其进行批判性继承，吸取其精华。乡村文化的德文化、士文化、俭文化等都是进行乡村文化建设的宝贵财富。要深入挖掘乡村优秀传统文化的思想资源，对其进行创造性转化，使其更好发挥推进新时代新农村文化建设的作用。

最后，要用未来的眼光看待乡村优秀传统文化的价值。乡村优秀传统文化是中华文明的基因库。当前，世界正在从物质繁荣向精神繁荣阶段迈进，社会正从工业文明向生态文明阶段迈进，中国正从经济崛起向全面复兴阶段迈进。让乡村优秀传统文化长出新枝、开出新花、结出新果，"发展出能够担负起在后工业时代提升人类文明、支撑中华民族伟大复兴责任的新中华文明"，这是当前乡村文化振兴过程中重要而长远的任务。当前，人们对保护好乡村优秀传统文化已形成一定共识，国家也投入了大量的人力、物力和财力，取得了一定的成绩。在此基础上，还须深入挖掘乡村优秀传统文化在帮助人们追求美好生活中所能发挥的重要作用。

（三）从空间维度对乡村优秀传统文化进行多维价值评判

对乡村优秀传统文化空间维度的再认识，就是把乡村优秀传统文化放在不同场域进行评判。从世界场域来说，中华优秀传统文化是人类文化多样性的重要组成部分，也是人类文化重要的思想资源。经济全球化更让人们深刻认识到，只有尊重文化的多样表述和多样呈现，人类文明才能丰富多样，文化生命力才能延绵不绝、生生不息。中国是一个由农耕文明发展而来的国家，农耕文化是中国传统文化的源头和基础，乡村优秀传统文化根源于农耕文化。正如钱穆所说："农耕文化的特点在于安、足、静、定。"农耕文化的这个特点使得其自身具有极强的韧性和顽强的精神，使其多次遭遇巨大打击而未灭亡。中华文明历经漫长而曲折的历史，饱经战乱侵扰、天灾人祸而延续至今，是世界上唯一延绵至今的文明，为世界文化的繁荣发展和人类文明进步贡献了自己的力量。美国农业科学家富兰克林·H.金在对中国农业进行深入调查和访谈后得出：中国能以简朴的耗费供养密集人群的重要原因，是因为资源和生命的循环。中国农耕文化所蕴含的循环思想、可持续发展思想为世界农业发展贡献了力量。从国家场域来说，农耕文化所蕴含的农耕智慧是中华文明能够持续发展的重要因素。彭金山认为，农耕文化的内涵是"应时、取宜、守则、和谐"，这八个字概括了农耕文化的精华。"应时"是指按节气安排农事活动，"取宜"是指种庄稼要因地制宜，"守则"是指遵守"以农为本、以和为贵、以德为荣、以礼为重"等规则、规范，"和谐"是指爱好和平、重视和合。"应时、取宜、守则、和谐"，就是在"天、地、人之间建立一种和谐共生的关系"，这是中华民族延绵不绝的重要精神厚土。就地方场域来说，因地理环境的差异，每个地方会有不同的生活方式和行为习惯，且呈现出不同的文化形态。因此，对乡村优秀传统文化的地域性认识，有助于人们因地制宜地推进乡村文化建设。

当前，对乡村优秀传统文化价值的再认识，有助于人们发展和弘扬乡村优秀传统文化。从世界场域来说，"必将为世界文化多样性发展留下宝贵的文化火种，创造更加辉煌的文明范式"。从国家场域来说，对农耕智慧的继承和发扬，也会为中华儿女留下宝贵财富。从地方场域来说，认识到乡村优秀传统文化具有的地域性和差异性，会让乡村文化建设事半功倍。

三、在"乡村振兴"战略中激活乡村优秀传统文化的价值

在实施"乡村振兴"战略的过程中，乡村优秀传统文化的经济价值、生态价值和教化价值与"乡村振兴"的总要求是紧密相连的。通过深入挖掘乡村优秀传统文化的三大价值，可促进乡村产业发展、生态宜居建设、乡风文明建设，提高乡村治理水平，使乡村成为村民的美好家园。

（一）激活乡村优秀传统文化的经济价值，实现产业兴旺

从经济方面来看，优秀文化也是一种生产力，可以促进经济效益的实现。在今天这个文化产业化和产业文化化的时代，"乡村振兴"战略为乡村文化产业化提供了契机。在此背景下，可以把乡村文化与产业发展结合起来。乡村优秀传统文化和文化产业发展是相辅相成的，"文化既可作为产业的生产资料又是产业创意转化的原动力"，而产业发展则为乡村优秀传统文化的传承提供了一条有效路径，使人们拥有了对乡村优秀传统文化的持续记忆。现阶段，乡村经济基础仍然较为薄弱，只有乡村产业繁荣兴旺，才能为乡村优秀传统文化的振兴提供物质基础和生存空间。而乡村产业的兴旺，必然要求深入挖掘当地的特色传统文化，以特色文化支撑产业发展，以产业兴旺带动文化繁荣。山东潍坊的版画、风筝，天津杨柳青的年画，安徽阜南、山东临沂的柳编，陕北的剪纸，都把传统工

艺发展为了现代产业。当然，实现乡村优秀传统文化的产业化，要遵循文化自身的发展规律，要把握乡村文化的特点，形成有地方特色的文化类型，使二者的融合既不失文化本身的特色和功能，又能为文化传承提供有效路径。例如，陕西袁家村根据自己所处地域的特色文化，大力发展旅游业，创建民俗、民风体验街等人文服务业，帮助村民创造了经济价值，实现了生活富裕，落地生根的人文服务产业也成为当地经济可持续发展的最佳途径。

（二）激活乡村优秀传统文化的生态价值，推进美丽乡村建设

从生态建设方面看，乡村优秀传统文化中的"天人合一"生态观对当前生态文明建设发挥着重要作用，也是其重要思想来源。农耕文化"应时、取宜、守则、和谐"的八字内涵所折射的就是人与自然和谐共生的理念。生活在传统乡村的人们有着敬畏自然、保护自然、利用自然的文化传统，形成了"人法地，地法天，天法道，道法自然"的"天人合一"的生态观。正如费孝通所说："人同土地结合在一起，生于斯，死于斯。土地生产四季循环不已。"土地生产循环所折射的人与自然融合、相协调的"天人合一"的生态观，与当前"绿水青山就是金山银山"的生态文明建设理念相契合，为建设生态宜居的美丽乡村提供了思想资源。乡村优秀传统文化中的"天人合一"生态观，在农业生产上最直观的表现就是因地制宜，即根据土地的"物性"合理安排农业生产。"天人合一"的生态观不仅影响着农业生产，也影响了人们的生活方式和行为习惯，即取之于自然用之于自然的低碳生活，这也是美好生活的题中之义。从外部来说，"天人合一"生态观有助于建设适合人类居住的生态环境和资源条件；从内部来看，"天人合一"生态观不仅协调了人与自然的关系，也密切了人与人的关系，为当前美丽乡村建设提供了思想智慧。

（三）激活乡村优秀传统文化的教化价值，建设乡风文明

从道德教化方面看，乡村优秀传统文化中的规则、规范和制度约束着人们的行为，它既是乡风文明建设的重要抓手，也为乡村治理现代化提供了道德支撑。首先，乡村优秀传统文化的习俗规约对人的行为具有潜移默化的作用。传统熟人社会通过居民的长期共处，形成了地方性的习俗和村规民约，对当地居民具有约束和指导作用，能够在潜移默化中让人达事理、辨是非。例如，乡村的祠堂、家庙通过故事、礼仪等形式，发挥着道德教化的作用。其次，乡村优秀传统文化中的自治教化传统，也为乡村自治提供了重要基础。党的十九大报告提出："健全自治、法治、德治相结合的乡村治理体系。"实现乡村自治，最重要的是发挥村民的主体地位，此外还需要熟人社会、使用共同的资源、维系共同的秩序等条件。乡村优秀传统文化包含着"德业相劝，过失相规，礼俗相交，患难相恤"的乡村治理文化，是实现乡村自治的重要基础。最后，乡村优秀传统文化蕴含丰富的道德资源，如尊老爱幼、勤俭节约、诚实守信、守望相助等传统美德，注重家风家训等优良传统，这些道德资源为淳化民风提供了道德滋养，推进了乡风文明建设。

第二节　乡村公共环境建设

乡村环境建设是全面建设小康社会的重要内容和优先发展领域。随着城乡一体化的发展，乡村环境建设的研究内容不断延伸与拓展，乡村环境建设成效明显。但是，随着城乡一体化进程的推进，乡村环境建设也面临着严峻考验，多数乡村生态环境逐步趋于恶化，乡村环境保护和管理的法律法规不健全，出现了农业生产和居民生活排污、工业污染加剧等问题，影响和制约着乡村现代化发展进程，威胁着广大人民群众的身心健康。

党的十九大报告指出，我国进入了中国特色社会主义新时代，

社会主要矛盾已经转化为人民日益增长的美好生活需要和不平衡不充分的发展之间的矛盾。美好的生活需要包括人与自然的和谐共生。因此，只有正确认识和妥善处理人与自然的关系，才能实现我国经济的长期性发展、可持续发展，所以党和国家根据我国新时代的具体国情，提出要实现生态产品从量到质的飞跃，以满足人民日益增长的美好生活需要。在中国特色社会主义新时代，贯彻建设的社会主义现代化不仅仅是经济迅速发展带来的物质文明现代化，还包括人与自然和谐共生的生态文明现代化。为实现生态文明现代化，必须认真贯彻绿色发展、低碳发展的生态理念，自上而下的提高全民族保护生态环境的自觉性和主动性，在全国范围内增强保护自然的自觉意识。同时为进一步恢复生态环境，加快生态文明体制的改革，建立生态文明制度体系，以法的形式监督、促进生态文明的改革和建设。生态文明建设事关我国伟大梦想的实现，是利在千秋的关键一步。加强生态文明建设、实现生态文明现代化不仅仅是建设美丽中国的必然要求，更是实现"两个一百年"奋斗目标的必然要求。

一、增强乡村生态环境保护的使命感

各级农业农村部门要深入学习贯彻习近平生态文明思想，切实把思想和行动统一到中央决策部署上来，深入推进农业农村生态环境保护工作，提升农业农村生态文明。要深刻把握人与自然和谐共生的自然生态观，正确处理"三农"发展与生态环境保护的关系，自觉把尊重自然、顺应自然、保护自然的要求贯穿"三农"发展全过程。要深刻把握"绿水青山就是金山银山"的发展理念，坚定不移地走生态优先绿色发展新道路，推动农业高质量发展和农村生态文明建设。要深刻把握良好生态环境是最普惠民生福祉的宗旨精神，着力解决农业面源污染、农村人居环境脏乱差等农业农村突出环境问题，提供更多优质生态产品以满足人民对优美生态环境的需要。要深刻把握山水林田湖草是生命共同体的系统思想，多措并举、综合施策，提高农业农村生态环境保护工作的科学性与有效性。要深刻把握用最严格的制度、最严密的法治保护生态环境的方法路径，实施最严格的水资源管理制度和耕地保护制度，给子孙后代留下良田沃土、碧水蓝天。

二、推进农业绿色发展的重大行动

推进化肥减量增效。实施果菜茶有机肥替代化肥行动，支持果菜茶优势产区、核心产区、知名品牌生产基地开展有机肥替代化肥试点示范，引导农民和新型农业经营主体采取多种方式积造施用有机肥，集成推广化肥减量增效技术模式，加快实现化肥使用量负增长。推进农药减量增效，加大绿色防控力度，加强统防统治与绿色防控融合示范基地和果菜茶全程绿色防控示范基地建设，推动绿色防控替代化学防治，推进农作物病虫害专业化统防统治，扶持专业化防治服务组织，集成推广全程农药减量控害模式，稳定实现农药使用量负增长。

推进畜禽粪污资源化利用。根据资源环境承载力，优化畜禽养殖区域布局，推进畜牧大县整县实现畜禽粪污资源化利用，支持规模养殖场和第三方建设粪污处理利用设施，集成推广畜禽粪污资源化利用技术，推动形成畜禽粪污资源化利用可持续运行机制。推进水产养殖业绿色发展，优化水产养殖空间布局，依法加强养殖水域滩涂统一规划，划定禁止养殖区、限制养殖区和养殖区，大力发展池塘和工厂化循环水养殖、稻渔综合种养、大水面生态增养殖、深水抗风浪网箱等生态健康养殖模式。

推进秸秆综合利用。以东北、华北地区为重点，整县推进秸秆综合利用试点，积极开展肥料化、饲料化、燃料化、基料化和原料化利用，打造深翻还田、打捆直燃供暖，秸秆青黄储和颗粒饲料喂养等典型示范样板。加大农用地膜新国家标准宣传贯彻力度，做好地膜农资打假工作，加快推进加厚地膜应用，研究制定农膜管理办法，健全回收加工体系，以西北地区为重点建设地膜治理示范县，构建加厚地膜推广应用与地膜回收激励挂钩机制，开展地膜生产者责任延伸制度试点。

三、着力改善农村人居环境

各级农业农村部门要发挥好牵头作用，会同有关部门加快落实《农村人居环境整治三年行动方案》，以农村垃圾、污水治理和村容村貌提升为主攻方向，加快补齐农村人居环境突出短板，把农村建设成农民幸福生活的美好家园。加强优化村庄规划管理，推进农村生活垃圾、污水治理，推进"厕所革命"，整治提升村容村貌，打造一批示范县、示范乡镇和示范村，加快推动功能清晰、布局合理、生态宜居的美丽乡村建设。发挥好村级组织作用，多途径发展壮大集体经济，增强村级组织动员能力，支持社会化服务组织提供垃圾收集转运等服务。同时调动好农民的积极性，鼓励投工投劳参与建设管护，开展房前屋后和村内公共空间环境整治，逐步建立村庄人居环境管护长效机制。学习借鉴浙江"千村示范、万村整治"经验，组织开展"百县万村示范工程"，通过试点示范不断探索积累经验，及时总结推广一批先进典型案例。

四、切实加强农产品产地环境保护

加强污染源头治理，会同有关部门开展涉重金属企业排查，严格执行环境标准，控制重金属污染物进入农田，同时加强灌溉水质管理，严禁工业和城市污水直接灌溉农田。开展耕地土壤污染状况详查，实施风险区加密调查、农产品协同监测，进一步摸清耕地土壤污染状况，明确耕地土壤污染防治重点区域。在耕地土壤污染详查和监测的基础上，将耕地环境质量划分为优先保护、安全利用和严格管控三个类别，实施耕地土壤环境质量分类管理。以南方酸性土水稻产区为重点，分区域、分作物品种建立受污染耕地安全利用试点，合理利用中轻度污染耕地的土壤生产功能，大面积推广低积累品种替代、水肥调控、土壤调理等安全利用措施，推进受污染耕地安全利用。严格管控重度污染耕地，划定农产品禁止生产区，实施种植结构调整或退耕还林还草。扩大污染耕地轮作休耕试点，继续实施湖南长株潭地区重金属污染耕地治理试点。

五、大力推动农业资源养护

加快发展节水农业，统筹推进工程节水、品种节水、农艺节水、管理节水、治污节水，调整优化品种结构，调减耗水量大的作物，扩种耗水量小的作物，大力发展雨养农业。建设高标准节水农业示范区，集中展示膜下滴灌、集雨补灌、喷滴灌等模式，继续抓好地下水超采区综合治理。加强耕地质量保护与提升，开展农田水利基本建设，推进旱涝保收、高产稳产高标准农田建设。推行耕地轮作休耕制度，坚持生态优先、综合治理、轮作为主、休耕为辅，集成一批保护与治理并重的技术模式。加强水生野生动植物栖息地和水产种质资源保护区建设，建立长江流域重点水域禁捕补偿制度，加快推进长江流域水生生物保护区全面禁捕，加强珍稀濒危物种保护，实施长江江豚、中华白海豚、中华鲟等旗舰物种拯救行动计划，全力抓好以长江为重点的水生生物保护行动。大力实施增殖放流，加强海洋牧场建设，完善休渔禁渔制度，在松花江、辽河、海河流域建立禁渔期制度，实施海洋渔业资源总量管理制度和海洋渔船"双控"制度，加强幼鱼保护，持续开展违规渔具清理整治，严厉打击涉渔"三无"船舶。加强种质资源收集与保护，防范外来生物入侵。

六、显著提升科技支撑能力

要突出绿色导向，把农业科技创新的方向和重点转到低耗、生态节本、安全、优质、循环等绿色技术上来，加强技术研发集成，不断提升农业绿色发展的科技水平。优化农业科技资源布局，推动科技创新、科技成果、科技人才等要素向农业生态文明建设倾斜。依托畜禽养殖废弃物资源化处理、化肥减量增效、土壤重金属污染防治等国家农业科技创新联盟，整合技术、资金、人才等资源要素，开展产学研联合攻关合力解决农业农村污染防治技术瓶颈问题。组织实施农业农村部印发的《农业绿色发展技术导则（2018—2030年）》，推进现代农业产业技术体系与农业农村生态环境保护重点任务和技术需求对接，促进产业与环境科技问题一体化解决。发布重大引领性农业农村资源节约与环境保护技术，加强集成熟化，开展示范展示，遴选推介一批优质安全、节本增效、绿色环保的农业农村主推技术。

七、构建乡村生态环境保护的制度体系

贯彻落实印发的《关于创新体制机制推进农业绿色发展的意见》，构建农业绿色发展制度体系。落实农业功能区制度，建立农业生产力布局、耕地轮作休耕、节约高效的农业用水等制度、建立农业产业准入负面清单制度，因地制宜制定禁止和限制发展产业目录。推动建立工业和城镇污染向农业转移防控机制，构建农业农村污染防治制度体系，加强农村人居环境整治和农业环境突出问题治理，推进农业投入品减量化、生产清洁化、废弃物资源化、产业模式生态化，加快补齐农业农村生态环境保护突出短板。健全以绿色生态为导向的农业补贴制度，推动财政资金投入向农业农村生态环境领域倾斜，完善生态补偿政策。加大政府和社会资本合作在农业生态环境保护领域的推广应用，引导社会资本投向农业资源节约利用、污染防治和生态保护修复等领域。加快培育新型市场主体，采取政府统一购买服务、企业委托承包等多种形式，推动建立农业农村污染第三方治理机制。

八、建立健全考核评价机制

各级农业农村部门要切实将农业生态环境保护摆在农业农村经济工作的突出位置，加强组织领导，明确任务分工，落实工作责任，确保党中央、国务院决策部署完全落到实处。深入开展教育培训工作，提高农民节约资源、保护环境的自觉性和主动性。完善农业资源环境监测网络，开展农业面源污染例行监测，摸清农业污染源基本信息，掌握农业面源污染的总体状况和变化趋势。紧紧围绕"一控两减三基本"目标任务，依托农业面源污染监测网络数据，做好省级农业面源污染防治延伸绩效考核，建立资金分配与污染治理工作挂钩的激励约束机制。探索构建农业绿色发展指标体系，适时开展部门联合督查，对绿色农业的发展情况进行评价和考核，压实工作责任，确保工作纵深推进、落实到位。坚持奖惩并重，加大问责力度，将重大农业农村污染问题、农村人居环境问题纳入督查范围，对污染问题严重、治理工作推进不力的地区进行问责，对治理成效明显的地区予以激励与支持。

第三节　农民生态意识培育

一、培养和树立人与自然和谐共生的观念取向

培养和树立人与自然和谐共生的观念就是要尊重和维护自然规律，秉持"人与自然是生命共同体"的价值追求，改变落后的生产、生活习惯，树立绿色发展理念，激发农民主体意识，增强社会舆论氛围，凝聚生态文明发展共识。

（一）树立绿色发展理念

习近平总书记指出："绿色发展，就其要义来讲，是要解决好

人与自然和谐共生的问题的。人类发展活动必须尊重自然、顺应自然、保护自然，否则就会遭到大自然的报复，这个规律谁也无法抗拒。"树立绿色发展理念，实现经济社会与资源环境的协调发展，是新时代农村生态文明的必然选择。

一是培育绿色发展观。基层领导干部做出的决策、基层政府出台的文件、召开的会议等种种行政行为，影响乃至决定着一村、一乡、一域的经济社会发展；同时，"上有所好，下必效焉"，基层领导干部与人民群众打交道最多，他们的一言一行和所思所想，对人民群众的观念有明显的导向作用。因此，树立绿色发展理念，要首先从领导干部做起，从基层领导干部做起。基层领导干部只有牢固树立新发展理念，树立"绿水青山就是金山银山"的强烈意识，树立以人为本、全面发展的政绩观，以实实在在的政绩取信于民、服务于民，真正做到让人民"既有金山银山，又有绿水青山"，才能实现人民生活质量的持续提高。一方面，要通过加强培训、学习和到先进地区考察等方法，用科学的理论、生动的实例来引导基层领导干部在头脑中牢固树立可持续发展理念，坚定基层领导干部进行集约化、科学化发展的信心和决心；另一方面，要通过对生态环境保护好的干部进行优先提拔使用、对以牺牲环境为代价铺摊子、上项目的干部进行相应惩戒的方式，下大力扭转多年来的"唯 GDP"政绩观倾向。

二是培养和树立农民的生态道德观。下大力、多渠道、多方式加强农民的生态道德意识培养，使农村树立符合生态文明建设的新的生态道德观，主要包括新的伦理观、资源观、消费观、利益观。新的伦理观，就是视自然为人类的生命共同体，亲近自然、尊重自然、保护自然的态度，是对保护自然的强烈的道德责任感。新的资源观，就是充分考虑环境因素，重视资源消耗的成本、环境破坏的成本及完全生产成本，积极保护自然资源。新的消费观，就是提倡健康、适度、绿色消费的观念，购买对环境和人体无害的环保产品，减少制造生产生活垃圾，形成人与自然的良性循环。新的利益观，就是坚持生态利益优先、长远利益优先的原则，重新科学规划产业格局，实现绿色循环发展。

三是培育农民的绿色生活方式。绿色生活是践行生态文明理念的重要标志，生活习惯是否改变是评判农民生态意识是否形成、生态文明素养是否提升的标准和关键。农民应尊重自然规律，注重生态环保，约束个体对自然的破坏行为，自觉从小事做起，从衣食住行的各个方面做起，践行生态环保理念，注重生态保护效益，培养绿色生活的习惯，养成低碳出行、分类投放垃圾、减少污染产生等良好的生活习惯使得农民在满足物质生活需要的同时，也享受到健康舒适的生活环境。生活习惯的养成除个人因素之外，还会受外在环境的影响。政府、企业还有个人，都应当从自身做起，践行生态文明理念，为全社会生态环保习惯的养成营造一个有利的大环境。

四是提升农民及农村基层干部生态法律意识。农村环境保护法律的施行和环保工作的开展离不开基层干部和农民群众的广泛参与。基层干部要学法懂法，树立底线思维，方能做到不知法犯法，不以身试法，方能对当地农民起到示范带头作用。农民对于法律更有一种天然的敬畏感，"某某吃官司了"对于老百姓来说是非常严重也非常可耻的事情。政府和法制宣传部门要加大对基层干部的法律培训力度，善于通过破坏生态环境而被追究法律责任乃至刑事责任的实际案例，加强《中华人民共和国对环境保护法》《中华人民共和国土地管理法》《中华人民共和国水污染防治法》等环保法律法规的普及和宣传，逐渐提高基层干部和农民的生态法制意识和生态文明理念，既在一定程度上预防和遏制了农民自己的破坏环境行为，也有利于农民懂得拿起法律武器，积极维护自己合法的环境权益，震慑身边破坏生态环境的违法分子。

（二）提升农民生态文明主体意识

习近平总书记指出："生态文明是人民群众共同参与、共同建设、共同享受的事业，要把建设美丽中国转化为全体人民的自觉行动。"农民是农村生态文明建设的重要参与者和直接受益者，是农村生态文明建设的强大有生力量。一方面，只有提升农民的生态文明主体意识，使广大农民自觉参与农村生态文明建设的进程中，才能实现农村生态文明建设的持续有效进行。可以说，农民的生态文明主体意识是农村生态文明建设的内在动力。另一方面，要充分激发农民的生态文明主体意识，就需要保障农民的知情权、参与权、监督权等权利得到充分落实和行使。

一是要充分调动农民的积极性和主动性。农民建设生态文明的积极性和主动性与农民的生态主体意识互为因果、互相促进。农民具有强烈的生态主体意识，才会以极大的热情投身生态文明建设中去；反之，农民参与生态文明建设首先要有积极性和主动性，才能实现主体意识的觉醒和激发，才能通过衡量自我利益和生态利益做出有利于自身及农村生态环境的正确行为。要调动农民的积极性，需要采取多种方式。例如，通过发放设计独特、画面新颖的宣传册，让农民了解生态权利的内涵及重要性，呼吁广大农民维护和使用自己的生态权利，积极参与并推进农村生态环境得到保护和优化。同时也应通过多种多样的活动，让农民知晓自己的生态责任，履行应尽的环境义务。通过义务植树活动，引导农民自觉保持水土、绿化村庄；通过停电一小时、节水小能手等活动，引导农民自觉节水节电、节约资源；通过环村骑行活动，引导农民绿色低碳出行；通过美丽庭院活动，引导农民自觉清洁居住环境，建设美丽家庭。此外，还应将农民的生态主体意识渗透到日常生活中，在点点滴滴的小事中建立起来，在不断的生态保护实践中深化，充分调动起他们生态环境保护的积极性和主动性。

二是要充分保证农民环境知情权的落实。要充分激发农民的主体意识，就需要充分保障农民相关权利的落实。从某种程度上说，农民环境知情权的落实是其他权利得以正确行使的先决条件，只有环境知情权得到充分行使，农民的其他权利才有可能充分实现。因此，地方政府及相关部门应定期依法公开公布当地环境信息，确保农民群众对自己生活生产的生态环境有足够的了解。建立完善的环境信息依法申请程序，规范申请条件、流程、救济方式及救济程序，根据农民的生产生活要求设置简易程序，同时给予必要的帮助。支持和鼓励农业协会等产业协会、农民专业合作社、农业企业参与农村生态建设，拓宽农民参与生态建设渠道。积极培育新型农村及农民环保组织，各级政府及相关部门为其发挥作用创造必要条件，积极鼓励其在保护农村生态环境、保护农民利益方面发挥作用。

三是保障基层组织和农民生态建设监督权。充分发挥村民自治组织及其他社会组织作用，将农民培育为生态环境破坏行为的重要监督力量。村委会等村民自治组织依法管理农村事务，承担着落实政府相关工作的职责，在农民群众中具有很高的权威性、带动力和凝聚力，特别是在改变农民生产生活方式方面具有不可替代的作用，是维护农村社会稳定、经济发展的重要保障。村民自治组织可通过制定村规民约，村喇叭广播，聘请村民监督员等措施，在充分发挥自身监督职责的同时，不断提高农民生态环保意识，对破坏生态环境的行为进行监督和约束。在农村生态环境基础设施建设、设施管护、运营等方面，建立起农民积极参与的监督机制，激发农民身为直接使用和第一受益人的自觉性，自觉对建设过程、资金使用等进行监督，防止资金的挪用与缩水，保证资金的足额到位，防止出现"豆腐渣"工程。

（三）加强生态文明思想教育

思想教育具有先导性和基础性教育作用，知识的学习和积累是改变落后生态意识的基础。从观念上重视生态文明教育，在行动上抓好生态文明教育，对农村的生态文明建设具有重要促进作用。

一是在基础教育和干部培训中提高生态文明思想教育权重。条件成熟时，适时制定出台《生态文明教育法》及地方性生态文明教育条例等配套规章制度，明确规定教育内容及政府职责权限。让生态文明教育进校园、进课堂成为一种常态。增加基础教育中有关生态文明相关知识，完善从小学到大学的生态文明教育体系。重视在校学生环保知识和法规常识的教育，从小抓起，从娃娃开始树立环保意识和法律意识，养成良好的行为习惯，成为保护生态环境的知行者。加强党员干部的相关知识教育，提高党员干部关于生态文明建设的知识素养和实践水平。加强对生态环境部等五部委发布的《公民生态环境行为规范（试行）》的宣传落实力度，各地根据本地的具体情况和实际制定具体规范，组织学校、社区、社会组织等协调联动，帮助人民群众树立生态价值观，规范人民群众的生活习惯。

二是丰富生态文明教育内容。通过普及环境保护知识，树立人民群众的生态意识，通过实例讲述全球及我国面临的生态危机，激发人民群众的生态环境保护意识。通过图片展示当前存在的环境问题，如森林破坏、水土流失、土壤荒漠化、水体污染、雾霾天气、酸雨重灾区、固体废弃物等，从视觉上激发人民群众的生态保护意识，促使其产生生存危机感，从而主动接受教育，学习更多的生态知识。同时在教育过程中，注意深入阐述生态文明的内涵及重要意义，阐述自然与人类的密切联系，阐述传统农业生产方式向现代化生态农业转变的优势，以及落后的生活方式向健康绿色低碳生活方式转变的好处，教育引导人民群众走生态绿色可持续的发展道路。

三是理论实践教育相结合。采用理论与实践相结合的教育方法，提高受教育者的积极性和主动性，使生态文明教育发挥更好的效果。通过理论教育，将生态文明教育的内容传授给农民，进一步提高农民的生态意识，让农民清楚明了地知道应该做什么。通过实践教育，如组织有意义的主题实践活动，促使农民用所学的生态知识和观念指导自己的活动，合理安排生活，科学安排生产，实现生态伦理和绿色生产生活方式的知行统一。注重教育实践形式的创新，增强趣味性、知识性和可参与性。例如，利用法定节日、纪念日等形式加大对农村中小学生的环保教育，借助在植树节、地球日、世界人口日、世界环境日等活动中的切身体验，加深巩固学生的生态环境意识；通过开展废旧物品再利用的手工艺品展示、开展节约用水小能手评比活动、实地体验农耕等活动，强化物品循环利用，珍惜每一滴水、每一张纸、每一粒粮食的环保意识；实行"小手拉大手"，由孩子劝导父母进行低碳出行、垃圾分类回收、使用有机肥，让学生在学习和日常生活中点滴践行生态文明理论，使得生态文明理念内化于心、外化于行。山东省环境宣教部门依托社会环保组织，以"公民十条"为依据，开发了一套紧密结合生活实际的生态教育课程，采取垃圾分类大战、周末相约动物园等生动有趣的课程形式，在学校、企业、农村逐步推开，使广大人民群众在欢声笑语中掌握更多关于生态环境保护的知识。

（四）加强农民生态伦理教育

人类只有一个赖以生存的家园——地球。众所周知，地球生态系统的承受能力并不是无限的。人和自然之间不仅存在斗争性，也存在同一性。不论何时何地，人们都应该树立人和自然和谐共处的理念。对农民进行生态道德教育，就是要尊重自然，有自觉、自律意识及平等观念，尊重生态发展的一般规律，积极提倡一种可持续发展的生产方式和健康的绿色生活消费方式。优良的生态环境会使人获得满满的幸福感，只有在这样的环境中，人们的生活才会越来越幸福，所以要进一步扩大道德的适用范围，把道德诉求延伸到人类与自然环境的各个方面。为了使人们把保护生态环境的意识转为自觉的实践活动，就必须全力培养全民族的生态道德意识，只有这样，才可以既快又好地解决生态保护的根本问题，为生态文明的发展奠定良好稳定的基础。在一直强调可持续发展的现在，加强农民生态道德教育对生态文明教育来说是不可或缺的。

第一，制定生态道德教育目标。所谓"生态道德教育目标"就是以实施生态道德教育为手段，使其可以满足人们内心所期望的。这个目标指明了其主要内容、发展方向，当然这也是教育最根本的出发点和最终目的，并且关系着整个生态道德教育活动的顺利有序进行。生态道德教育目标的严格制定，会使得教育活动和工作方向更加明确，评价标准更加合理，这样一来，教育任务就愈加明确、精准。制订和实施严谨的教育计划，有助于提高人们行动的自觉性，使教育的实际效果有一个质的提升。对于其目标的制定务必要具体问题具体分析，依据不同的农村和农民的具体情况制定相对应的目标。当然，目标也要有时段性，根据不同时期，制定不同的目标，可分为大、中、小三个目标，每一个时段的目标务必分清主要目标和次要目标，以这种形式去做，教育者才能根据不同的目标来做出相对应的工作部署和安排。同时，根据目前已存在的目标来纠正工作中的细小误差和毛病，以此来检验教育工作评判的成果。制定不同阶段、不同层次的不同目标，将教育者与受教育者团结起来，教育活动就会稳定有序地长期进行下去。

第二，完善生态道德教育长效机制。为了使生态教学能够长期实施，生态道德教育活动能够长期进行，需要建立生态道德教育的长效机制。进一步完善生态道德教育的长效机制，首先，相关部门在做发展规划和制定政策时，务必要将生态道德教育作为一个重要部分列入其中，对农民的生态道德教育不论何时何地都不能松懈；其次，设立相对应的奖惩机制。此机制的出现有助于第一时间就对人们的生态道德行为做出评价，使人们对所作所为有一个更加清晰的认识。因此，在思想政治教育中要制定长期且有效的教育机制，将思想政治教育与生态道德教育相结合，使其贯穿教育的全部。

二、加快生态乡村建设进程，营造良好的生态培育氛围

（一）加快农村绿色经济发展速度

我国经济发展进入新时代，对于如何正确处理金山银山与绿水青山的关系，并且如何把绿水青山转变成金山银山，是我国实现高质量、高水平发展的重中之重。

第一，因地制宜，发展生态农业。发展生态农业，对于缓解经济和生态两者之间的矛盾有着重要的作用。生态农业就是要最大化地展示农业系统的整体性能，毫无疑问，农业是切入点，按照"统一、协调、循环、再生"的原则，调整和优化农业产业结构，把农、林、牧、副、渔产业与农村三大产业进行综合性发展，促使各产业之间互相帮助，发挥各自的长处，提高综合生产能力。在北方地区，要大力推广应用"四位一体"模式。在种植蔬菜或各种果树的日光温室中，修建猪圈和沼气池。通过温室效应解决沼气池越冬和产气问题，为生猪冬季生活生长创造良好的环境，进一步提高生猪出栏率；猪的粪便和人类粪便进入沼气池后，就会产生大量沼气，这些沼气可以供多方面进行综合利用。例如，沼渣、沼液就可以当作优质有机肥为温室种植的蔬菜等作物使用；猪所呼出的二氧化碳可以提高温室内二氧化碳的浓度，提高作物产量和扩大种植面积。在南方地区，要推广应用"猪—沼—果（菜）"模式。"猪—沼—果（菜）"模式是以沼气为纽带，畜牧业、果业和沼气综合协调发展的生态模式。该模式是以农户为单元，以田地、院落等为依托，建造沼气池、禽畜舍、果园等单元，形成养殖—沼气—种植三位一体的庭院经济体系格局。这种方式是以养殖业为龙头企业，以沼气建设为中心，将种植、养殖、加工等产业串联起来，广泛开展关于沼气的综合利用。利用猪粪和农村秸秆等废弃物在沼气池进行发酵，产生的沼气用于解决农村生活需要，利用沼液浸种、施肥、喂猪、养鱼，同时在园子里种蔬菜和一些饲料作物，满足畜禽养殖

对饲料的庞大需求,形成一种绿色良性循环。这样一来,既有效解决了秸秆、人畜粪便等废弃物的处理问题,又达到了节约成本、环保干净、增加收入的目的。

第二,引导农民绿色消费。要倡导农民在消费时,尽可能地去挑选一些没有被打药或添加色素的健康的绿色产品。绿色产品,指产品本身的质量符合环境、卫生和健康标准,并且其在生产、使用和处理过程中也不会造成一系列污染,破坏生态环境。绿色食品是对无污染的、有利于人体健康的优质营养类食品的一种形象具体的表述。为了突出这类食品是来自良好的生态环境,并且可以给人们带来无穷的活力和生命力,因此给它起名为绿色食品。绿色食品种类繁多,包含粮油类、蔬菜类、果品类、饮料类、畜禽蛋奶品、水产类、酒类和其他一些品类的食品。在购买果蔬产品时,尽量去选择一些有机的、纯天然的产品,不添加任何防腐剂和添加剂的产品。在购买生活用品时,可以选择一些不含磷物质的,尽量不使用一次性筷子、一次性餐盒、一次性吸管等污染环境的一次性物品。这样一来,既满足了人们丰富的生活需求,又让人们对保护生态环境贡献出自己的一份绵薄之力。

第三,融合农村第一、第二、第三产业。将工业与绿色农业相结合,使农村高污染、高耗能的工业成功转型,进一步完善工业布局。寻找农业特色,发展绿色经济,注重保护生态环境,将生态资源作为工业生产力要素的组成部分,建设农村特有的工业体系,摆脱传统工业对自然界的依赖。同时,工业生产中要进一步提高生产技术,按照绿色低碳循环发展的要求去改造农村传统产业,放弃一些落后产能,提升生产技术和管理水平,减少污染物及污染气体的排放,快速提高产业发展质量和效益,尽力实现健康可持续发展。通过建设集约化生产方式,构建一种绿色环保模式,将农业与相关产业进行融合发展,促进农村绿色经济飞速增长。在农村绿色发展的产业布局中,服务业的比重在不断提高,把农业和工业作为发展的基石,形成一种现代化的服务业体系,具备乡村特色,使乡村优秀文化在传承中不断取得新的进步，争取尽早实现休闲服务业与文化服务业的有效结合。服务业以农业景观和工业发展为经济基础，进一步形成农村生产生活循环圈，第一、第二、第三产业的大力融合是农村绿色经济发展的关键。

（二）建立现代农民精神培育机制

农民生态意识的高低在很大程度上会影响农民的环保行动，提高农民的生态环境意识，要求农民尽量多地参与环境保护实践活动，在实践过程中，农民会逐步提高自身的环保意识，强烈的环保意识会使他们积极自觉地参加环保实践行动。一方面，可以促进环境的合理健康发展；另一方面，可以提高农民环境保护的意识水平。据调查得知，当前，农村地区的群众仍旧没有产生较强的环保意识，大多数农民对于参与环保行动缺乏一定的自觉性，对于这样的情形，如果仅仅依靠提升农民素质并不能产生效果。因此，制定一套明确的制度来推动农民的环保行动就显得尤为重要。

第一，通过物质奖励来激发农民参与环保行动的热情。物质奖励是一种外部激励，也就是说，人们通过使用物质鼓励的方法来满足有动力的人的物质需求，从而使他们更有积极性和动力主动去创造更多的财富。物质奖励包含金钱、奖品等，它的出发点是关心人民群众的切身利益，满足人们日益增长的物质文化生活的需求。对于自觉参加环境保护行动的个人或集体，给予相应的物质奖励。因为在当前的形势下，农民主动参与环保的热情并不高涨，环境保护的力度也较弱，通过适当的物质奖励，不仅可以激发农民保护环境的积极性，也可以作为环境保护的经济支撑，让农民的环境保护意识水平整体上达到一个新的水平。

第二，通过精神奖励来鼓舞农民保护环境的行动。精神奖励是一种内在动力，是在精神方面的一种无形动力，这是一项全面、多样化、广泛应用并且意义长远的工作，它是管理者通过对被管理者进行思想教育，灌输人生哲理，指引前方路途，进一步调动所有人的积极性、自主性和创新性。对于踊跃参与环境保护的个人或集体，除给予相当的物质奖励之外，也可以颁发荣誉证书，邀请他们分享自己的心得体会，树立一种典型和榜样，并且用各种传播媒介进行官方宣传，借机来熏陶和激励更多农民积极参与环境保护的方阵。

（三）加快农村公共服务设施的绿色改造

一个国家或者一个区域农村经济社会的发展及城乡协调发展水平能够真正展现出该区域或农村公共服务设施完善程度的水平。我国社会主义新农村建设的水准则主要集中反映在农村公共基础服务设施水平上。加快农村公共基础服务设施绿色改造，有助于推进绿色农村建设，促进国民经济持续稳定、健康发展。

第一，加强农村安全饮水工程建设。县级政府应把农村饮水工程放到财政预算中，积极进行立项申报，争取上级扶持，优先向有资格地区的乡村提供综合供水，并建立清洁用水管理和运作机制，开展农村饮用水源地保护调查，努力划定水源保护区和分类保护区。切实加强对农村水污染防治，充分考虑农村地域特点，实行农资农技一体化，严禁使用高污染高残留农药，大力推广生态养殖，积极走绿色环保之路。

第二，推进农村能源建设。以利用废弃生物资源（秸秆、牲畜粪便、乡村的生活垃圾等）和能源植物为主，培育有潜力的新型生物资源。鼓励建设大型沼气工程，合理布局项目，并根据相应条件做好"一池二改"的配套措施，提高沼气建设工程的"二结合"率。采用小型区域管网和物业式服务的方式，为农村生活提供能源，加快新能源和可再生能源技术的广泛应用和产业的优化升级，改善农村生活用能条件，发展太阳能路灯、"以电代柴"（电磁炉、电饭煲）项目，形成让可再生能源发挥主导作用的清洁能源示范区。

第三，实施农村清洁工程。进行"二清"：清除生活垃圾，垃圾要袋装或集中收集后，统一清运；清除主干道及村道旁的路障，包括水泥、沙子、砖块等建筑材料；清除违章搭建；加快改厨、改厕、改圈速度，扎实推进"厕所革命"启动农村垃圾分类和集中清运。对于冬天取暖，我国出台了清洁保暖补贴政策，鼓励农民改变取暖方式，将原先燃烧煤炭的方式改为用电取暖，继续加强和改善农村民生和人居环境。

（四）完善乡村生态治理体系，引导农民生态实践行为

1. 创新政府工作方法，以增加农民生态实践热情

政府的宗旨是全心全意为人民服务，只有把人民利益作为出发点的政府才是好政府，才是人民的政府。政府必须坚持对人民负责的工作原则，从群众中来，到群众中去的工作方法。在农村生态文明建设中，政府如何坚持、运用这一原则和方法显得尤为重要。

第一，充分利用大众传媒创新政府的工作方法。开会、谈话等方法作用的是个别或小部分人，而大众传媒作用范围特别广，如一个先进模范人物的事迹，可能会成为一个单位、一个地区，甚至是全国人民学习的榜样。随着科学技术的发展，大众传媒对人们的影响越来越大，人们可以通过网络、电视、广播等形式关注国家大事。政府在农村环保建设中也可以利用大众传媒来开展工作。一方面可以增加影响度力，易于农民接受；另一方面可以扩大影响范围，很好地起到宣传教育的作用。

第二，采用农民喜闻乐见的方式。在宣传生态知识和政策方面，有些地方的环保宣传主要以培训会和手册宣传为主，这些方式陈旧且难以激发农民的学习兴趣。农民作为一个特殊的群体，宣传需从人们的需求出发，采用人们喜闻乐见的方式，提供多种类型、多种风格的形式。如把宣传内容编成顺口溜或歌曲，让农民潜移默化地接受。

第三，运用榜样示范的方法。首先，制订评选模范活动的计

划。村干部协助乡政府相关部门从本区域的实际情况出发，借鉴其他地方的成功经验，写一份方案。其次，做好活动前的宣传工作，政府向农民说明活动的评选要求和奖励办法，激发农民参与活动的积极性。最后，开展评选和事迹宣传工作。先在每个村选出模范村民，然后再选出本乡镇的模范人物，最终以乡镇为单位，进行乡镇间的评选。经过一级级的筛选，选出典型人物，再由乡镇的宣传部门向所有村宣传模范农民的环保行为，并给予口头表扬和实物奖励。从而激发农民的环保热情，营造良好的生态环保氛围。

政府创新工作方法有利于提高农民的积极性，有利于提高政府环保工作的效率，从而帮助农民形成科学的生态意识，建设美丽乡村、推进"乡村振兴"。

2. 加快农村生态法律体系建设

多年来，在环境法治方面，我国已经制定了二十余部关于环境污染防治与自然资源保护的法律，对于环境污染防治与自然资源保护，全国人大也进行了多次严谨的执法检查。我国环境法律体系已经逐步形成，但是在法律法规的落实工作方面依然存在相关问题。只有做好、做扎实农村生态法律法规的落实工作，才能规范农民的生态行为，提高其生态法律意识。

法治是调解社会矛盾、维护社会和谐稳定的有力武器。人们不应该草率地保护生态环境，否则会适得其反。要按照源头严格保防、过程严格控制、后果严惩不贷的原则，进一步完善促进生态文明绿色、循环、低碳发展的有效约束机制和法律制度。同时，必须加强执法机构的建设，严格执法和公正司法，以确保环境法律法规得到执行。

第一，建立和完善农村生态文明法律制度。从立法上，应重视农村环境保护，坚持城乡一体化立法，加强农村生态立法，制定农村重点生态保护区和立法空白区的专门法律。为了适合新时代发展的需要，对现行的环境保护法律法规进行修改和完善，根据农村人居环境和农村生态环境的特点，建立完整、全面、有针对性的农村生态文明建设法律体系。

第二，提高法治队伍建设水平。改进生态环境司法保护制度，为生态文明建设提供有力的司法保障。加强农村生态文明建设和生态环境保护，建立健全农村环境监管机构，加强对生态法律工作者的教育培训，提高工作人员的敬业精神和职业自豪感，建立一支有觉悟、能吃苦的法治队伍。

第三，构建多元化监管机制。应该转变目前由政府部门执法的单调模式，进而建立一种多个主体共同参与环境执法、整治和监督模式。充分利用社会资源，改进农村环境清洁综合机制、减排机制、废物处理机制、废物综合利用机制等，在农村建立有序的环境管理系统。

3. 完善农村生态乡规民约

第一，充分发挥村规民约和村民自治的优势。《中华人民共和国村民委员会组织法》（2010 年修订）第八条规定："村民委员会依照法律规定，管理本村属于村农民集体所有的土地和其他财产，引导村民合理利用自然资源，保护和改善生态环境。"农村生态环境保护是村民自治的重要内容，相应的，村民自治也为村规民约发挥作用提供了充分的空间，使其可以在环保实践中得到完善和发展。

第二，培养村民的环保意识和自我动手能力。尊重不同地方的风俗习惯是制定村规民约的前提条件，在其制定过程中尊重科学、民主、合理的原则，目的是让村民能够有自觉保护生态环境的意识并可以付出实际行动。在法国社会学家孟德拉斯看来，这是必然的、理所应当的，因为这是一种正确的生活方式和工作方式。这意味着村民们不仅仅是对规则内容的进一步理解和"遵守规则"的理解，最主要的是要把规则作为实施行动的理论依据。只有真正相信并且愿意遵守村规民约的村民，才可以将自己的角色扮演得更好。

第三，正确把握村规民约与国家法律之间的关系。乡村规章制度的制定必须按照现有的法律原则和制度，其内容和程序必须严格遵守国家法律的有关规定，对于神圣不可侵犯的宪法和法律必须严格遵守。换言之，法律也要对村规民约的制定有起码的尊重，可以为村规民约的制定和适用性提供系统全面的法律依据。考虑到环境问题是多变的，村庄环境保护规章制度应该更有远见，国家法律必须明确规定乡村立法的变革机制，包括建议、修改和执行，以确保修改的乡村环境保护规章制度的及时性和适用性。

（五）积极发展农村生态文化

生态文化是在尊重自然的前提下保护环境，并且促进资源可持续利用的文化。生态文化的形成意味着以前人类占有自然的腐朽落后观念开始进行根本性的转变，象征着从以人为中心的价值判断向人与自然和谐共处的价值取向的完美转变。生态文化是一种价值观，是人类社会与自然界互相协调的精神力量。生态文化是一种人文文化，生态文化把和谐、协调、持续、稳定、多样性等观念融入自己的伦理体系，着眼于可持续发展，既关心人的价值和精神，也关心人类的长期生存和自然资源增值。生态文化是一种积极向上的文化，生态文化提倡人与自然和谐相处的价值观，是人类根据人与自然生态关系的需求，及最大程度上解决关于人与自然关系暴露的问题所折射的一些思想、观念的总和。农村生态文化的实施，直接影响着全面建成小康社会的落实。因此，要鼓励农村发展生态文化，促进实现可持续发展的文化。

第一，鼓励大学生返乡发展，建设一支高素质、高水平的生态文化建设队伍。学校应积极与教育部、党政系统建立合作机制，加大针对性培养力度，形成人才输送和培养模式，大力促进和鼓励大学生返乡发展。完善机构设置、工资保障、学习培训等方面的政策，吸引优秀人才到基层，全心全意为基层服务。公布定向培养的岗位、效益、人才输送和培养模式，尽可能多地给予优惠政策。积极落实相关政策，宣传相关政策措施，鼓励地方大学生有针对性地参加培训。为了鼓励各大学校的学生在毕业后积极到农村从事相关的文化工作，设立诸如大学生村官考试等各种招生考试，使得农村地区可以拥有一支有想法、有活力、有干劲的高素质生态文化领导小组。

第二，完善农村生态文化建设体系。促进生态文明的建设迫切需要改革和创新，进一步形成一个适用于生态文明理念要求的制度。环境法律法规的执法应当加强村民法律意识，以及教他们正确使用法律来维护他们的权利。运用法律、法规和道德观念一起来约束村民的生态实践活动，引导其树立生态意识，促进其养成良好的生态文明行为举止。政府应该畅通监督渠道，制定相应的奖励措施，及时处理相关问题，使村民认为政府高度重视生态环境，并且积极落实"以人为本"的理念。

第三，加大对农村生态文化建设的投资力度。生态文化的教育和有关方面的宣传都需要大量可靠且长期存在的专项资金的注入。因此，政府不仅要在这里投入大量资金，还要建立一套完整且严谨的资金管理和审计制度，使每一笔支出都透明公开。农村基础设施基本建成。一方面，政府可以投资建立图书馆，根据当地的实际情况，购买一些与农业新技术和生态农业经济技术相关的书籍，使农民找到更多脱贫致富的途径；另一方面，政府可以在这方面多花资金，给农民举办相关的交流活动，组织各类农业论坛及学术交流会，增加农民对于农业及生态意识的认知。

（六）明确各方职责和任务形成工作合力

在农民生态意识培育过程中，合作十分重要。除发挥政府的主导作用之外，还需要社会各方面的积极参与。

媒体在此过程中发挥着重要作用。各类媒体应该加大对生态文明建设的宣传力度，如在黄金时间段播放生态知识、政策、法律法规等。同时，加大对生态模范农民事迹的宣传，以形成良好的社会学习氛围。充分发挥媒体高速、见效快的优势，为生态文明建设搭建一个平台。

企业在生态文明建设中也有不可小觑的作用。首先，企业可以为农村生态建设提供物质支持。有些地方生态农业发展才刚刚起步，资金紧缺的问题时有发生，所以企业可以参与生态农业中，类似于合伙经营。其次，企业可以提供技术支持。生态农业的目的之一是生产绿色、有机农产品。如果没有技术，绿色农产品无从谈起。相关企业可以派出技术员给农民做指导，并全程跟踪，生态农业的一个主要特征是提高自然物质的利用率，如太阳能的利用，可以利用太阳能给蔬菜大棚提供热量，利用太阳能解决机器在农业耕种过程中的动力问题，利用太阳能发电等。高科技所带来的益处，必然触动农民的思想，使得他们主动追寻科学的脚步，在实际的生产生活中形成生态科技意识。

总之，只有在政府的主导下，通过社会各方面的共同努力，形成合力，培养农民科学的生态意识、建设农村生态文明、推进"乡村振兴"进程才能成为可能。

第四节　生态农业发展

如果仅仅因为保护环境而发展生态农业，这样的农业显然没有推广的必要，生态农业的首要任务是提供人类丰富的健康食物。凡是符合生态学做法的，完全不用（有机农业）或极少量使用（绿色）有害化学物质的农业方式，都属于生态农业的范畴，包括有机粮食种植加工与销售；海洋自然捕捞、天然淡水渔业、草原放牧的产品、森林食物采集；自由放养的动物；不用农药、除草剂、激素、地膜、转基因种植的蔬菜、中草药、茶、水果等生产、加工与销售等，都属于生态农业范畴。这类食物与工业化食物完全不同，从营养、农药残留、口感、价格上明显区分开来。生态农业具有较高的生物多样性，尤其是土壤微生物多样性，自然生态平衡；在必要的时候用物理加生物方法控制虫害，不用化学农药灭杀；对于杂草，则采取机械处理与人工处理相结合的办法，尽量避免使用有害除草剂。生态农业不仅需要建构人与自然共生、循环的关系，而且需要构建人与人之间的合作关系。

目前，围绕着人类食物链和农业生产，人类投入了大量化学物质，这些化学物质如果采用生态农业的办法，绝大部分可以停止使用。生态农业涉及的范围很广，农、林、牧、副、渔都会涉及，但在每一个环节都有物种的贡献，都有从事该行业农民的贡献。生态农业的典型特点是：第一，优美的生态环境、人与自然和谐共生；第二，元素循环再生、生态平衡；第三，多样化的栽培物种；第四，杜绝农药、地膜、除草剂、人工合成激素用量；第五，为发展绿色农业使用的少量化肥被农作物吸收而不是污染环境。概括起来，生态农业具有以下八大优势。

一、生态农业保护生态环境，告别面源污染

没有健康的农业发展，生态农业就无从谈起。农田中的主要害虫和杂草其实都是自然界正常的物种，是能够用物理方法干扰控制的，尽量不用化学办法，能够恢复生态平衡；对产量不造成明显影响的，尽量减少人为干预，既节约人工成本，又保护了农田生态环境。根据的前期研究，如果发展生态农业，将目前90％以上的农药和50％以上的化肥停下来，对产量影响并不大。

二、生态农业产出的食物质量高，很少有农药残留，甚至达到零农残

由于前期投入的化学物质非常少，并且尽量投入可降解的生物类农药，再加上自然界的自净能力，以大量有机肥为主，这样的农产品基本不存在农药残留。如果农产品后期检测出多种农药残留，根本就不是在生态农业系统里生产的。

三、生态农业单位土地经济效益高

目前由于采取粗放式的化学办法种地，虽然产量相对较高，但价格便宜，有时市场不好还会烂在地里，资源浪费严重。提高经济效益的办法有两种：要么继续扩大土地规模，使经营者有利可图，但质量会下降；要么提高产品质量，提高价位，再加上生态农业并不减产，对于消费者和生产者都是好事。前者购买了放心食品，保护了自身与家人的健康，后者增加了收入，更愿意向土地中投入优质劳动力。

四、种养结合、种植多样化、间作套种、立体种植

这是生态农业的最大优点。生态农业的大量肥料来自系统本身，"六畜兴旺"才能"五谷丰登"。在少量土地面积上，可以提供大量食物种类；豆科与禾本科植物间作套种，可以直接利用空气中的氮源；立体种植也能实现。生态农业中，食物多样性高，这是其他农业方式所不能做到的。物种多样性丰富，系统就稳定，抗风险能力就高。

五、生态农业产量高

生态农业产量并不低，由于用地养地，被带走的养分通过有机肥或少量化肥补充。更关键的是，由于化学物质少，土壤动物和土壤微生物丰富，这些生物就间接将土壤中的矿物质释放出来，供植物根系吸收。在这种模式下，如果坚持长期养地，产量是会稳步增加的。

六、全面提高水分与养分利用效益，节约资源，不产生浪费

由于生态农业尊重植物生长规律，因地制宜，根据农业的气候

特点安排种植和养殖，与自然规律相一致，遵守二十四节气的农时，因此其水分、养分利用效率高，饲养动物排泄的粪尿、乡村餐余和农作物秸秆都能利用，增加了资源利用效率。

七、生态农业是耕地固碳型的，由碳排放逆转为碳吸收

目前的农业模式是排放温室气体的，高达 44％～57％ 的温室气体来自现代农业及其相关的工业活动。用有机肥替代化肥可显著减少温带农田温室气体排放量。减少化肥使用，增加耕地有机质，可吸收温室气体，这个功能是生态农业的副产物。

八、发展生态农业可全面带动农民就业

由于优质优价，加上生态环境优美，生态农业对各类人群有很强的吸引力，农业要素容易变成商业要素，从养殖到种植，从收获到加工，从加工到销售，从餐饮到观光旅游，从保健到养生再到养老，乡村可以就地城镇化，吸引各类人才就业。

第五章　乡村旅游生态环境规划与管理

　　乡村旅游是利用乡村资源充分发挥其多重价值的一种重要旅游类型，是"乡村振兴"战略的重要抓手。乡村旅游在促进农业产业结构调整，充分发挥农业的多种功能，吸引人才、科技、资金等资源向农业投入，打破乡村地区相对封闭的经济社会运行环境，重构农村社会和经济系统，增强农民的自我发展能力和提高农民的生活质量，促进乡村地区的内生化发展等方面发挥着重要的作用，是解决"三农"问题的重要途径，能够有力地推动乡村地区社会经济的快速发展。

　　乡村旅游很少是以旅游单体而存在的，它往往是以一定区域作为整体旅游产品。其中的旅游项目会受到自然条件、社会环境、基础设施和旅游服务设施等诸多因素的影响。

　　生态性是乡村旅游环境的重要特性，乡村旅游环境生态性顺应乡村旅游的发展趋势。认识乡村旅游环境生态性的内涵和特征，明确乡村旅游环境生态性的要素，是乡村旅游环境生态性规划和管理的基础。对乡村旅游展开环境生态性评价，不仅可以对旅游资源的合理开发提供依据和保障，还可以实现资源的高效配置，实现其可持续发展价值。为了科学评价乡村旅游环境生态性，必须探索乡村旅游环境生态性的评价方法，构建乡村旅游环境生态性评价指标体系，明确评价过程。根据评价模型及结果进行的乡村旅游生态环境规划具有科学性和客观性。

　　生态环境保护与利用很重要，开展乡村旅游活动，必须注意保护当地村庄、农田、林地、水域等自然和人文环境，实现可持续发展。首先要尽可能地减少对原有地形地貌的破坏，确保乡村的自然资源不被破坏；其次是对乡村旅游附近的湖泊、河流和村内的溪水及其周围水环境进行保护，同时在能耗方面也要大力提倡可再生清洁能源的使用。在遵循保护环境的大原则之下，对不同类型的乡村旅游进行生态环境的规划。面对我国乡村旅游存在的诸多问题，需要通过科学有效的乡村旅游环境生态管理来改善现状。特别要注意的是，在此过程中一定要加强城乡交流，促进乡村发展。

第一节　乡村旅游生态环境规划

根据评价模型及结果进行的乡村旅游生态环境规划，具有科学性和客观性。生态环境保护是当今时代的大主题之一，开展乡村旅游活动，必须注意保护当地村庄、农田、林地、水域等自然和人文环境，实现可持续发展。

首先要尽可能减少对原有地形地貌的破坏，确保乡村的自然资源不遭到破坏。

其次是对乡村旅游附近的湖泊、河流和村内的溪水及其周围水环境进行保护；同时在能耗方面也要大力提倡可再生清洁能源的使用，如天然气、沼气、电能、太阳能、风能等，还要控制烟花爆竹的燃放及周围农田的烧荒行为；乡村旅游内还应限制音响、机动车等产生的噪声，尽可能消除噪声的声源，并严格执行国家相关噪声环境标准，以免破坏乡村的宁静氛围。

在做到保护环境的大准则之下，对不同类型的乡村旅游进行生态环境的规划。

一、乡村旅游生态环境规划类型

探讨在不同乡村环境下的旅游目的地规划方法，旨在为乡村旅游环境规划提供有针对性的方法和建议。

乡村旅游生态环境规划，是应用生态学原理和方法，从生态的角度进行规划设计，合理开发目的地自然景观要素，尊重地域自然地理特征，有机组合各种景观元素，建构良好的景观生态框架，合理布局旅游活动的空间环境，最终实现旅游目的地环境的生态可持续发展。

由于研究问题的角度不同，乡村旅游生态环境规划的类型也多种多样。从规划内容性质上，将其划分为生态农业型生态环境规划、景区依托型生态环境规划、古村落生态环境规划、都市农业型生态环境规划和特色产业园生态环境规划五个类型。

（一）生态农业型

生态农业旅游是将农业与旅游业相结合，充分利用乡村的农业自然资源和乡村人文资源，在生态学原理的基础上，以保护自然为核心，对资源合理规划设计和布局，是集观光休闲、生态农业生产、科学管理、农产品生产于一体的新型生态旅游活动。

生态农业在保护自然环境的基础上，保留原生态农业生产格局，确保良好的生态效益。规划过程中避免破坏自然生态系统，体现出优质的生态环境和自然农业风貌，并结合有特色传统的农业民俗文化，保持生态环境和人文环境的生态性，确保生态旅游的可持续发展。

农业生产作为生态农业的核心，不仅要能体现出其生产功能（如生产出粮食和农副产品），还要在其生产操作过程中对自然环境起到保护和修复作用，也要将生态效益置于首要位置。另外，在游客游览的过程中，要向其展示出整体、绿色、协调、循环、可持续的农业生产，宣传生态绿色的农业生产模式，起到积极的环保科普教育意义。

当今快速发展的城市生活，使得人们对大自然和农业文化充满了渴望。农业的发展是与文化进步密切联系的，农耕文化、历史人文、农村生活方式、饮食文化、地方风俗等造就了深厚的农业文明。人文生态环境规划的关键就在于挖掘当地农业文化，结合当地农业生产方式并谋求生态效益最大化的开发模式，提升农业文化的品格和内涵，追求生态农业旅游环境资源发展模式的最优化。

（二）景区依托型

我国以自然生态旅游资源为主的景区主要有风景名胜区、自然保护区、森林公园等，类型十分丰富，不仅自然景观奇特，而且文化内涵深沉厚重，历史价值极其珍贵。景区依托型的乡村旅游主要分布于著名景区内或周边，是依托核心景区的自然和人文等资源优势，结合自身特色，与景区协调发展、资源共享的乡村旅游类型。因其依托于风景区，所以具备一般乡村旅游不具备的优势。规划要充分利用景区良好的自然资源、人文资源和客源量，与风景区总体规划、当地社会经济发展规划、土地规划相协调，将可持续生态理念作为指导思想，维护好生态安全，不对景区的生态造成破坏。

我国景区的人文生态旅游资源也极其丰富。依托于景区的乡村旅游，作为景区文化延续的载体，在规划中要注意保持好原传统习俗，将文化融入生态旅游，在产品的开发上也融入地域文化内涵。

规划过程强调生态环境效益、社会效益、经济效益三者的有机结合，适度利用景区的生态旅游资源，规划出合理的布局结构，延伸景区的旅游产业链，适当开发建设，结合风景名胜区打造一个集旅游度假、休闲娱乐、康乐疗养、生态科普教育于一体的生态旅游目的地。但强调控制人为活动的干扰，如果其规划会对风景区环境造成破坏，则应采取将乡村整体迁出的措施。

（三）古村落

古村落是指在很久之前已建村，且保留了较大的历史沿革（村落选址、建筑环境、建筑风貌等未发生较大的变动），具备独特的民风民俗，年代虽经历久远，但至今仍为人们服务的村落。

古村落旅游，即以古村落为乡村旅游，以了解古村落的历史文化为旅游目的，让游客通过体验和感受古村落特有的自然景观和人文景观并获益受教的旅游活动。

在进行古村落的环境生态性规划时，不能单纯为了迎合游客需要任意而为，而应该在维持古村落完整的文化生态系统的前提下合理规划，这种完整不仅仅是古村落街巷、文物古迹、建筑民居等物质形态，也包括居民赖以生存的自然环境和丰富的饮食文化、独特浓郁的民俗风情、节庆祭典等。因此，规划应强化古村落旅游自然资源和人文资源的整合，注重物质和非物质文化旅游资源的融合发展。

我国古村落作为传统的聚落空间，在村落选址布局上比较讲究风水，一般以山河为自然屏障，依山傍水，自然环境资源丰富，整个建筑风貌、村落环境与自然紧密融合为一体。自然环境是古村落赖以生存的基础，也是构成古村落景观特色与开发旅游项目的重要资源，所以应在保护村落自然环境的前提下进行规划，一方面要保护好古村落中建筑、农田、水系、林地等自然风光不遭受破坏；另一方面要避免对自然环境造成污染。要对古村落整体划定保护层次区域，结合生态旅游理念，保证整体自然风貌和村落风格协调统一。古村落人文环境的规划也尤为重要。古村落的文化分为物质文化和非物质文化两类：物质文化作为文化的一种载体，包括民居建筑、古建筑等；非物质文化包括民俗文化、传说典故、艺术文化等。这些珍贵的传统文化都应保留并合理规划，既要让游客了解和体会当地的人文底蕴，又要让当地居民意识到传统文化的重要性，并以积极的态度将传统文化保持和传承下去，保证传统的生活方式得以延续。

（四）都市农业型

都市农业是指利用田园风光和自然生态资源，依托都市内部的经济辐射为城市提供农产品和服务，集生活性、生产性和生态性于一体的现代化农业体系，是城市经济与城市生态系统中的重要组成部分。一般位于城市内部及周边地区，但多集中在城市郊区，而城郊作为乡村到城市过渡的地段，城市的机能与乡村的机能相互交错，相较于城市或者乡村都更具独特性；地理位置靠近城市，为城市提供特定机能补充的同时，又对城市生态系统的维护起着十分重要的作用。随着我国城市化和工业化进程的加快，旅游业的不合理开发，大量农业资源被占用，郊区的农业生态环境日益遭到破坏和污染，而都市农业依附于城市边缘，生态环境脆弱，生态代价低下，所以都市农业环境的生态旅游规划是亟待解决的问题之一。

正确认识并充分挖掘生态旅游资源是规划都市农业生态旅游的第一步。都市农业的生态旅游资源包含风景秀丽的田园风光、民居风貌等自然资源，以及淳朴的民风民俗等人文资源和传统农业的生产方式与过程、农产品等副业的生产模式。规划目标时要达到综合效益的最优化，在满足生态旅游和休闲度假的同时要做到全面统筹、稳步发展，秉承生态环保理念挖掘区域特色文化，并发展区域特色。

在对都市农业型生态环境进行规划时，应以生态环境保护为前提，在尊重自然、保护自然和维护自然生态资源可持续利用的基础上进行，同时治理好环境污染，抑制生态环境恶化。根据景观生态学的原理和方法，合理规划都市农业的景观空间结构，使农业用地、休闲用地、生产用地等连接成网，构成和谐高效的自然生态环境，达到缓冲城市污染物扩散的生态功能最大化。规划时要把各类景观合理地分布到原有的自然环境之中，如建筑密度的控制、各类绿色空间的序列、植被的面积与分布。特别要注意的是，各类人工环境如景观廊道、人工种植等设计，应避免破坏整个自然环境的协调性和整体性，要尽可能地融入自然环境。

生产上应大力发展生态农业，将农业向第二产业和第三产业拓展、延伸与融合，提升生态农产品的消费市场。生产方式讲求绿色生态，推行集生态建设、观光休闲、科普教育、农业体验、农产品深加工于一体的生态产业链。生产技术上，现今很多地方还沿用传统的农业生产技术，专业化与产业化程度低，对环境产生一定的污染，对当地的生态造成破坏，所以应积极研发新型高效的生产技术，并结合观光旅游开展科普教育工作，供游人参观学习，亲近自然。

此外，还要尽可能实现自然生态与历史人文的和谐统一，注重挖掘当地的历史、文化传统等资源，在旅游区的建设和经营中融入当地的民族民俗文化，保护和传承原有历史文脉。加强对城市近郊的特色人文景观和文化遗迹的保护，避免建设过程中对当地传统文化内涵和民族文化风貌造成不可修复的破坏。

（五）特色产业园

特色产业旅游以特色产业为支撑，以旅游为载体，以市场为主导，需充分挖掘自身产业潜力，同时，在特色产业的基础上设计生态特色产品，促进旅游资源合理利用，使目的地发展形成具有独特文化内涵和旅游功能的特色产业结构。

科学规划设计，对原有乡村旅游资源社会、文化和生态价值进行有效挖掘，并保留原有的地域产业特色，提升旅游资源的经济价值和生态价值，使其特色产业带动性更有效地体现在生态旅游上。结合生态学原理，做到保护地方生态环境，保护特色建筑、文化传统，不随意破坏原有场地的地形地貌和现有的生态植被。

特色产业作为其旅游规划的核心，应从本地实际出发，充分考虑生态承载能力，深入挖掘地脉、文脉、人脉，着力打造城旅融合、农旅融合、商旅融合、文旅融合的特色产业链条和特色产业集群。例如，打造集观光休闲、民宿体验、科普教育于一体的果园、茶园、渔场、酒业、陶艺业等特色生态产业，根据产业的季节性、地域性等特点，科学规划好生态旅游项目，形成联动的生态特色产业链。

二、乡村旅游生态环境规划方法

随着交通行业的发展，人们的活动范围变得更为广阔，人们的旅游目的地变得更加多元化，而伴随城市化的扩张，城市人口急剧增加，已超过农村人口，城市成为人们主要的生存环境。城市的嘈杂喧嚣，飞快的生活节奏，浑浊的空气，使人们开始怀念乡村，乡村成为人们旅游的一种选择，成为大多数人体验农耕生活、欣赏淳朴自然、寻找记忆、缅怀情感的地方。这使旅游规划者开始关注乡村旅游的生态环境，在进行旅游目的地规划时因地制宜，确定好的规划方法。

（一）总体规划法

为保障乡村旅游生态环境规划过程中各项工作的有序展开，首先要做的就是总体规划先行，然后在借助景观艺术规划设计手法的基础之上，协调好方方面面的关系，最终使整个规划实施过程有计划、有目的地进行。

首先，在进行乡村旅游生态环境规划之前，应当从全面细致地目的地调查开始，从多个层面、多种要素着手，对目的地的地形、土壤、水文、植被、气候以及该目的地区域历史状况等进行调查并且评价，达到由表及里的规划深度。具体调查如下。

（1）地形现状：包括该地区的登高间隔、地形地貌、自然景观水平位置、人工景观水平位置等。

（2）土壤现状：包括有机物含量、肥力、粗密度、盐度、密度、密实度、结构、含水量等。

（3）水文现状：包括植被及其分布、表层土壤侵蚀程度、气候及水文记载；水的硬度、混浊度及重金属含量；地表水源，如常流河、潮汐影响、降水、降雨径流以及融雪等；地下水源，如天然泉水、合流处、地下蓄水层等；水流失的途径，如渗透、蒸发、蒸腾、渗漏等；乡村旅游的流域及其物理特征等。

（4）植被现状：包括植物类型、密度、分布状况等。

（5）建筑现状：包括村落风貌、群落历史、建筑形制、建筑风格、构造、密度、材料、空间、结构等。

（6）人文现状：包括风俗习惯、历史文脉等。

其次，联系周边的水系、林地、农田、村民社区、基础设施等共同配合发展成新的景观整体，融入具有整体性的乡村旅游生态环境规划要求之中。特别是目的地生态环境中的多种自然要素，无论其状态特征如何，乡村旅游生态环境特色的框架就是由这些规划过程中重要的元素所组成的。

最后，交通道路组织体系、观光游览景点设置、建筑空间构成、建筑布局、功能分区、基础设施都应当被视为规划的整体，不可孤立出现，从而达到重视乡村旅游布局整体性、优化生态格局的目的。

为了更好地发挥景观功能，需要在保证乡村旅游区域景观结构完整的前提下，以斑块或廊道的形式，将绿地、道路、农业生产用地、水系、建筑物、构筑物纳入整个景观结构，为旅游者提供包含吃、喝、玩、游、住、行、学等综合性的乡村生态旅游场所。

（二）局部分区规划法

局部分区规划法主要是根据生产、生活、游览以及娱乐的需要，将整个乡村旅游生态环境景观划分为不同的功能区域和空间层次。在进行详细规划时，将每一部分逐渐加深细化，进而使每一区域的景观作用都能得到强化提升，并分别有主题性地营造每一分区景观。实行局部分区规划的策略，可使乡村旅游生态环境规划的景观细部控制更加明确清晰。

功能区域的划分大致上可分为游、行、购、吃、住、学六类，实质上是对旅游者的行为进行空间布局和组织安排。因此，可将乡村旅游区域划分为景观观赏区、农业生产区、科技示范区、游览体验区和休闲服务区，而各个分区所囊括的内容则可根据项目规划的具体情况和切实需求进行变化调整。

对乡村旅游进行功能区域的划分，在规划之初就应当根据重点、要素、空间等组成部分的特点，考虑各方面复杂关系的影响，按照同一性或差异性来进行，充分发掘自身的特殊条件并形成优势。例如，利用特色差别，开发与本功能区域相适宜的旅游项目。

同时，也不能忽略景区的整体需要，最理想的状态是形成各功能区域之间优势互补、扬长避短、功能融合的分工合作体系。

（三）景观细部控制法

对乡村旅游而言，在做具体规划时，景观的细部打造首先要从人本思想的角度进行考虑，不仅要做到具有实用性、美观性，同时还应具有独特的乡村文化特征，而这些都是以从大方向进行宏观把握整体布局为基础的。人性化考虑景观细部，应当学会各种乡土元素及材料的灵活运用，再根据明确的主题进行乡村景观的细节营造。例如，在进行乡村住宅的规划设计过程中，可考虑采用几户并联式或者低层院落式布局的乡村住宅形式；硬质路面铺砖尽量少地使用在住宅的前后庭院中，可以大量使用透水性材料；为了方便居民自行建设，最好采用一些简单灵活的结构体系。

在乡村旅游生态环境规划中，要依照现在已经存在的和谐景观稍加改造，将其固有的景观情境充分反映出来，最好是能突出其独特的景观特征，或用一些自然的方式将某些不协调的景观要素巧妙地屏蔽或者弱化。

笔者在前人的研究成果上提出涉及生态学理念的四种乡村旅游生态环境规划方法：一是保护型规划法；二是恢复型规划法；三是功能型规划法；四是展示型规划法。

1. 保护型规划法

保护型规划法是指在某些自然生态环境良好的乡村旅游或者有一定文化保护价值的乡村旅游，为了使当地良好的生态环境不被破坏，为了使当地现有文化价值的区域受到保护，利用生态学的有关原理，对其进行规划。在这个基础上，规划者既要维持当地生态环境，又要创造出符合大众审美的乡村旅游。

2. 恢复型规划法

一些乡村旅游受损程度较大，生态环境状况不甚乐观，如果不改善当前的环境现状，就很难将其作为旅游目的地来开发利用。该种乡村旅游生态环境规划一般是通过对一些还具有纪念意义或文化价值的传统景观进行保留改造以及材料的重复利用等，创造出自然、生态、艺术和科技相结合，完全适宜于当前社会、艺术水准比较出众并融入生态理念的乡村旅游。

3. 功能型规划法

如果要对乡村旅游进行高效、科学、合理、完备的规划，首先应当以生态理念为基石，再应用一些行之有效的生态技术措施，使之既具有符合大众审美的艺术趣味，又具有生态学的逻辑性、科学性，从而达到改善乡村旅游及其周边环境，营造出与当地生态环境相协调的、便捷舒适的自然环境的规划目的。

4. 展示型规划法

这种规划方法主要是基于一种乡村生活教育的目的，通过展示自然界农作物、动物的生态演替过程和某种农产品或者手工制品的制作加工过程，从而向旅游者展示丰富多彩的乡村生活。还可以提供一些适合旅游者参与的活动，不仅能丰富乡村生态旅游的活动形式，而且能给旅游者带来更加切实、独特的旅游体验。

三、乡村旅游生态环境规划程序与内容

生态性就是指生物同环境的统一。狭义的环境生态性主要指自然环境的生态性，广义的生态性强调人在改造自然的过程中不破坏生物圈层的平衡，达到人与自然和谐相处。乡村旅游是一个充满人文情怀和乡土自然的地方，乡村旅游生态环境的规划是一项事无巨细的比较复杂的系统工程，涉猎范围较广，包括乡村的社会情况、环境资源等多项因素。因此，从规划的内容来看，本书中的乡村旅游环境生态性规划指的是广义上的规划，涉及乡村中的自然环境因素、人文环境因素以及连接人与自然关系的技术环节；从规划的步骤来看，主要涉及规划程序及内容两个方面。

（一）规划程序

在规划乡村旅游的进程当中，针对不同目的地相应的开发目标，一般需要明确相关规划的步骤，在此总结出以下六个程序要求。

1. 前期调研

乡村旅游开发的首要程序就是前期调研，这是作为确定该项目能否顺利开展的前提条件。在开发前期调研的过程中，开发者可以针对乡村生态旅游所需规划的目的地所在的区位情况、生态现状、自然条件、经济现状、交通条件、村民意愿以及相关政府部门的规划要求等问题展开调研，罗列出现状存在的优势和不足。其中，规划区域的区位、生态现状和自然环境条件是调研任务中的主要调查对象。

2. 目标评估

依据前期调研得到的数据情况，分析所选区域是否具备开发潜力及程度如何，以及确定开发后所能达到的目标。这是整个规划程序中的主体部分。此外，利用前期调研所得的原始数据与周边相关环境进行比较，得出比较结果，对比较结果进行分析总结，得出调查区域的开发潜力。其中，周边相关环境包括地理位置条件、周边景观特色、所选区域与周边观光景点的距离以及其他相关的基础条件，使用这些数据与开发前期调研得出的数据相比较，可得出该区域的开发优势和劣势，从而评估一个区域的开发潜力及确定开发目标。

3. 规划设计

乡村旅游规划中的功能区域是旅游开发中必不可少的程序。功能区域的划分可以根据其原有的自然条件、景观分布情况以及原土地利用情况来确定，对规划区域内的空间进行合理再分配，设计未来不同功能区域内的边界、容量、发展方向及特色。

估算乡村旅游的旅游容量是必不可少的流程。估算针对被规划区域的旅游前景及现有开发区域中的生态、经济、社会、气候环境等条件展开，估算的结果可以作为后面相关程序的有效真实依据。

根据上面提到的容量估算，基于景观生态学相关原理，可以对开发区域开展景观设计，对其进行合理的统筹规划、资源再配置与设计，使设计结果能够体现乡村生态旅游主题中乡土性与生态性两大主题，在尊重乡村景观原貌的基础上进行合理规划。

乡村旅游景观规划中对景点区域规划的核心内容，包括接待游客食宿出行等。在规划乡村生态旅游基础服务设施的过程中，需要考虑相关的生态原则，尽最大可能采用节能环保的物质材料，尽量减少对周边生态环境的影响，做到最大限度地低影响开发。

4. 规划审核

在规划审核中，社区参与是不可或缺的程序，它贯穿于整个旅游规划的全过程。在开发前期调研、开发潜力评估、功能分区以及景观设计等各阶段中，都离不开当地居民的积极参与，当地居民的参与程度可以使整个规划更好地体现当地的人文特色与居民意愿中的人性化，更能够集思广益，从居民身上获得宝贵的集体智慧。

5. 规划实施

规划的实施是对生态旅游区的建设过程，但不是整个规划的终结。通过对规划开展监督管理，对规划中不足的部分、旅游发展实践中出现的新情况进行反馈，不断丰富与完善规划内容，形成一个持续改进的规划体系。监督与反馈内容包括生态环境状况、乡村的社会经济发展状况及旅游发展状况等。

6. 实施评估

旅游目的地稳定运转不是规划程序的终点，对于在旅游实践过程中出现的所有新问题和情况都需要建立相应的反馈机制，以便不断完善此规划，促进乡村旅游的可持续发展。

（二）规划内容

在概述和分析乡村生态游规划的程序的同时，相应地构成了乡村生态旅游规划的内容范畴。在具体的规划操作实践中，乡村旅游生态环境规划的主要内容包括功能分区、容量估算、景观规划、设施规划和社区参与。

1. 功能分区

考虑到生态保护的原则和要求，在进行功能分区时，规划者可以生态内容的规划为重点，将乡村生态旅游目的地划分为生态保护区、生态服务区和生态游憩区三个部分。不同区域中的设计内容可以体现其在乡村生态环境系统和旅游系统中的不同功能和作用。

生态保护区的划分是基于可持续发展原则上开展的，规划的意义在于维护乡村旅游的生态平衡，保持内部生态环境系统的生态多样性。因此，一般将生态保护区规划在乡村旅游的上游。生态保护区应该作为核心保护区，严格限制游客的进入。

生态服务区则作为游客活动的主要区域。对于此区域的规划设计，设计人员应该根据当地的人文和自然特色，设计出偏重自然、偏重人文或者自然中透出浓郁乡土气息的人文乡土景观。除乡村旅游自身资源外，可达性是发展乡村旅游的重要条件，因此需要改善目的地周边的交通条件。服务区内部由各种旅游基础服务设施组成，可集中提供生态旅游、休闲娱乐、购物、餐饮、住宿休息等服务。

生态游憩区则介于上述两个规划部分之间，应具有一定的自然原貌景观及相应程度的生态环境条件。作为生态服务区的扩展部分，在此区域内，可在确保安全的条件下，开展一些具有趣味和意义的活动，如建设生态展览馆，开展些生态科普活动等，为到访游客提供一种原生态的自然旅游的体验。

2. 容量估算

环境容量指的是在保证生态环境不退化以及旅游资源质量不下降的前提下满足游客安全、卫生、舒适、方便等需求，在一定时空范围内，允许容纳游客的最大承载能力。研究乡村旅游的环境及游客容量，可以帮助拟定环境规模与游客总量之间比较适度的量化关系。合理的游客容量和环境容量是科学经营管理、组织观光游赏以及确定乡村旅游规模的重要依据。

通过查阅现有的资料，笔者发现目前世界上尚无公认的对于"旅游环境容量"的定义。我国对旅游区域内的环境容量的估算这一工作做得还不够，导致投入使用的很多旅游景区出现游客过度饱和的现象，并在一定程度上侵犯了生态环境。因此，对乡村旅游的容量估算应是一个十分重要的环节，是保障乡村旅游可持续发展的关键工作。对容量的估算，实际上是衡量一处旅游目的地内总体环境与旅游活动之间和谐程度的一个指标。做好容量估算，目的是保证乡村旅游内的生态环境不受侵犯以及能够让游客休闲旅游的获得感和心理最低需求得到满足。其主要包括自然生态环境容量、社会与经济容量以及旅游容量等。

3. 景观规划

乡村旅游吸纳游客的关键因素就是其对景观生态结构的合理规划。通常认为乡村生态旅游目的地中的景观结构包括基质、斑块以及廊道三个部分，这三个部分有机搭配形成的镶嵌格局便是景观的规划。

在乡村生态旅游目的地当中，面积最大、分布最广泛的便是基质，其可作为斑块与廊道的环境生态性背景。基质形态以及大小等特征都是相对的。通常农田地带、山林地区以及大范围的水域都可以成为基质的内容。斑块内容则比较丰富，无论它的来源位置还是尺度形状都是多样化的，一般来说，斑块由农田、菜果园、水域、山林及村落集镇等组成。廊道不同于基质，是基质周边的狭长通道。廊道是物质与能量迁移的通道，主要包括道路、篱笆、河流及带状洼地等。在这三个部分中，最主要的生态物质载体是斑块，而使游客和物质之间发生转移的主要途径是廊道，将斑块、基质与廊道三者有机结合，可以有效、合理地营造一个自然的乡村生态格局——这是乡村生态旅游目的地景观规划的任务。

对斑块进行规划的重点在于可以依据原有自然生态风貌资源的特点、分布的情况以及游客需求等来设计不同主题的斑块，比如以耕地农田开发为主的农家体验，以山林开发为主的户外探险活动、野营登山等。在规划的过程中，需要考虑斑块实体与空间结构之间固有的景观和功能的属性，既要做到突出斑块吸引游客的作用，又不能人为地过度改造，这就需要与周边的基质内容做到相互镶嵌、相互借景，保持真实的视觉体验。至于廊道部分，可分为区间、区内及斑内三个层级。其中，区间廊道是乡村旅游与外部之间物质交换与游客进入的主要渠道，设计时必须要考虑廊道的容量与规划之前估算出的旅游容量之间的协调；区内廊道则是乡村旅游内部、各斑块之间相互流通的渠道，设计时要充分利用现存的一些通道，尽量避开生态脆弱的地带，同时还可以发挥斑块之间不同的特色，利用地貌特征和水体的形态等来设计水陆互通的区内廊道，保持天然生态的和谐感受；斑内廊道则是斑块内部物质的流动通道，设计时要考虑自身生态系统的特征，选择与斑块自身属性相符的设计材料，最好使用天然石材，在斑块入口处或其他需要指示的位置设置较为明显的指示信息，在路径旁设置具有当地特色风貌的休憩区域等。

4. 设施规划

乡村旅游基础服务设施主要包括导引讲解系统、游客集散中心及生态型生活服务设施。

（1）导引讲解系统

导引讲解系统是为了帮助游客了解乡村旅游乡土风情的完备系

统，解说的形式可以多样化，比如可以由当地土生土长的居民开展生动有趣的讲解或是对乡村本土特色物品进行展示等，向游客介绍本土生态、人文等内容。导引讲解系统的设计影响着游客对旅游目的地的了解程度和旅游体验深度。客观合理和生动形象的讲解不仅可以使游客产生亲近自然、热爱自然、放松充实的情感，还能引导游客在旅游活动中充分响应和表现对自然环境的友好态度，帮助游客开阔视野，帮助当地特色传统文化更好地传承。

（2）旅游集散中心

旅游集散中心作为城市旅游规划的基础设施范畴中的一部分，引入乡村生态旅游规划中，可命名为乡村生态旅游集散中心，即乡村旅游总接待中心。

作为一个承接的设施，乡村生态旅游集散中心既要完成接待来访游客的任务，又要为游客安排食宿和介绍景点等，帮助合理分配乡村旅游内游客的去向，在一定程度上控制整个乡村生态旅游目的地的旅游容量。另外，对车辆停靠的管理也是乡村生态旅游集散中心的一项重要工作。大量城市游客涌入乡村，在保证车辆有序停靠的同时，还应遵循生态保护的原则，做到不破坏乡村的生态系统。因此，在选择停车场的位置、设计其形状以及配置周边廊道、斑块时，应符合生态设计的要求。在规划停车场位置时，不能太靠近生态核心区域，比较适宜的位置应是乡村与区间廊道的交界处；停车场不宜建造外墙围合，应采用高大常绿树种天然围合，同时还可以起到吸碳防污的作用；车位之间隔离带植被的选择也应为吸污能力较强的树种，同时还可以防止此处车辆被阳光直射；停车场的铺装应以石材为主，选用固土防蚀的本地草种作为铺设，既美观又能实现雨水回收。

（3）生态型生活服务设施

生态型生活服务设施规划是对传统的农家院落里的生态系统进行整合与改造，利用景观生态学以及生态工程的学科原理建立和谐的生态关系网进行服务。通常包括生态庭院设计、水资源循环系统设计、垃圾分类处理系统设计、能源系统设计及建筑系统设计等方面。生态庭院是生态型生活服务设施的核心部分。对乡村生态旅游来说，为了保证游客能充分体验农家庭院的本土风情，不宜大面积过度绿化，种植设计时可以采用果树、菜地及一些观花植物的组合，添加庭院视角上的色彩多样性。还可以建设乡村生态农场产业，让游客亲身体会劳作的喜悦，学习相关农作知识。

对水资源循环系统的合理设计关系整个乡村中的生态环境。设计过程中应充分考虑循环使用水，将水资源的使用分类为雨水、灌溉用水、生活用水、卫生用水与景观用水等，并形成较为完善的水资源循环系统。该系统一般包括雨水收集系统以及污水循环转化系统。雨水收集系统主要将雨水、生活用水、景观用水等收集起来，再进行水净化，水净化系统的设计由水生植物组成；污水循环转化系统主要将人畜污水、厨房污水等经过处理后，作为农用灌溉水再次利用。

对垃圾分类处理系统的设计关系乡村生态环境系统的持续发展。从资源减排减量的角度出发，可设计绿色环保、安全便利的垃圾分类回收处理系统来保障乡村的生态环境。首先，在旅游目的地中应减少或限制使用一次性产品，降低一次性垃圾的产生；其次，对垃圾可采取不同的有效分类，如分为有机垃圾与非有机垃圾。

能源系统的设计出发点是节能需求以及尽可能地普及清洁能源，这对于乡村生态旅游来说，有着很重要的实践意义。清洁能源在乡村地区的应用有很多种类，如风能、太阳能、生物质能等，这些不同类型的能源使用可以根据当地的自然条件来选择。通常风能会受到风速的影响，生物质能需要足够的沼气原料，这些都受到条件的限制，唯有太阳能比较容易获取，因此可以着重设计以太阳能为主的乡村能源系统，同时充分考虑相应建筑设计，如建筑物的朝向、植被对光照时间和条件的影响等。庭院的绿化植被可以选取高大的本地树种，这样保证在冬天也能获得充足的阳光；在建筑设计布局上，应促进自然风顺畅流通建筑内外，减少其制热的动力，以保证太阳能利用效率的最大化。

建筑系统的规划设计应做到尊重自然环境，尽最大努力做到与周边景观相融合。在建筑色调的选用上，可以与乡村生态文化背景相协调；在建筑风格上，可以充分体现与乡村生态一致的质朴亲切感；在建筑材料的使用上，尽量多地选用环境友好型材料。此外，建筑物的总体布局还应考虑结合周边自然景观与农家庭院的整体格局，设计时充分利用阳台、窗户等位置来增强观景感受，使建筑与自然融为一体，使游客不会感到视角遮蔽，从而更加亲近自然。

5. 社区参与

旅游项目的开发能否获得成功，居民的参与是很关键的因素。在乡村旅游的规划过程中，居民的社区参与在政治、经济、文化、心理等多方面会有积极的带动作用，还会在未来开发管理的机制及利益分享方面等有正面影响。社区参与的方式丰富多样，对本土居民而言，可以参与乡村生态旅游开发规划中每项进程、发展决策的制定以及利益分享机制的构建，参与旅游知识培训工作、旅游管理工作等。

通常在开发过程中，当地村民扮演着三种角色，即雇员、经营者与股东，同时也象征了三种不同的参与方式。作为雇员，是最基本层次的参与，任何居民均可以作为旅游开发项目的雇员；作为经营者以及股东，居民可以参与经营、决策与分享收益等。我国乡村生态旅游目的地的开发，有其自身的特点，项目开发区域既是生态旅游的活动场所，也是当地居民的生活场所，任何形式的旅游规划开发都与居民的生活息息相关，这样来看，对乡村生态旅游目的地进行规划，更近乎一个区域发展的规划，任何当地居民都是参与者，参与到每一个环节。同时任何当地居民也是经营者与决策者，可以分享旅游开发带来的收益及参与决策旅游开发的发展方向。

第二节　乡村旅游生态环境管理

乡村旅游推动了经济不景气的农村地区的发展，对当地经济增长具有明显的贡献和意义。目前，我国的乡村旅游取得了比较丰硕的成果，但是与国外的乡村旅游相比，仍然存在着许多问题，有些问题甚至十分严重。

面对我国乡村旅游所存在的诸多问题，我们迫切需要通过科学有效的乡村旅游环境生态管理来改善现状，而且在此过程中一定要加强城乡交流，促进乡村发展。

一、乡村旅游环境生态管理的主要内容

我国乡村旅游存在诸多问题，综合现状如下：第一，过度开发现象突出；第二，经营项目单调，服务质量不高；第三，管理缺失，监管不到位；第四，设施有待完善；第五，环境破坏时有发生。乡村旅游环境生态管理的主要内容按照环境评估的三个方面进行介绍。

（一）自然环境

伴随着旅游扶贫政策的出台，全国各地均在积极开展当地的乡村旅游。良好的自然环境为游客提供良好的旅游环境，使游客身心舒畅，具有极大的吸引力。乡村旅游的自然环境是由水文、土壤、生物、大气等要素有机组合而形成的自然综合体，是乡村景观的核心景观特征。可是有些地方在开发当地旅游资源时，未经调查研究与科学论证，忽视环境影响评价以及区域规划，仅仅追求短期的经济效益，忽视了当地长远的环境效益。

水是旅游业重要的资源之一，大多数旅游胜地都和水有关，可以带给人们视觉、听觉、触觉等不同感官的刺激，从而给旅游者以旅游动机，让游客放松与享受，体会到大自然的美妙。因此，大多

数发展旅游的乡村地区的区域内或周边拥有河道、湖泊等水域，为了吸引游客，许多旅游设施也集中在这些水域附近。但是农村一般没有完善的排水系统和污水处理设施，游客的生活污水在这种情况下会被直接排入河道，产生的生活垃圾也会被堆在河边。这些生活污水以及生活垃圾导致乡村旅游的水体污染日益严重，有的已经变成了臭水沟，严重影响了当地居民生活；还有的地区过度使用景区水资源，造成溪流泉水干涸、地下水位下降。

当众多的游客进入乡村旅游后，对土壤的破坏是巨大的。尤其是在节假日的旅游高峰期，超载的人群对土壤和植被不断地重复踩压，会让乡村旅游的土壤板结，导致植物无法正常存活。一些作为发展乡村旅游资本的天然草场因为游乐项目设置的不合理和游人无节制的践踏，正在以肉眼可见的速度迅速沙化，未来将成为不毛之地。

技术经济为现代生活提供了很多便利，同时随着技术经济的快速发展，交通工具的使用越来越频繁，这使更多的游客在闲暇时选择到乡村旅游放松游玩。汽车尾气也是大气被破坏的主要因素之一。除此之外，在农村大量的农作物秸秆被焚烧或堆垛于河湖沟渠或道路两侧，浪费了大量的资源和能源，也是大气和水体的污染源。

动物与植物是乡村旅游中生物资源的主体部分，也是自然环境的重要组成部分，既可以与其他自然景观一起构成重要的旅游资源，也可单独形成重要的旅游景观。乡村旅游的开发大都选在环境好、经济贫困落后的地区。为了尽量满足游客的个性化喜好，追求利润的最大化，一些乡村随意设置景点，不顾当地具体条件强行加大开发力度，由此带来旅游设施过多、游客蜂拥而至的局面，恶化了旅游区生物的生存环境。例如，有的景区置植物发芽、动物繁殖的生态敏感期于不顾，仍然照常开展旅游活动；在旅游区大兴土木，破坏了植被，破坏了自然美。乡村旅游的生态景观具有天然性和脆弱性的特点，而乡村旅游的开发商为了最大限度地吸引游客，往往不考虑当地的环境容量，使得乡村旅游乡土景观遭到极大的破坏。同时，一些不适宜的景观规划还会造成外来物种入侵，对当地的生态平衡造成了无法挽回的破坏。

（二）生产环境

在一些不发达的乡村旅游地点，基础设施和相关服务设施均不完善，如景区标志缺乏、景区设施及摆设简陋、食宿卫生无法使游客满意，尤其是在一些贫困的乡村旅游，连基本的交通都成问题，这严重阻碍了当地的乡村旅游发展。

为了增加粮食产量，一些地方正在采用一切可能的技术措施开发农用土地，包括加强土地整理以减少非目标生物的生长，用化学手段加速目标生物生长和控制非目标生物生长，普遍推广高产良种，等等。其后果一是使野生生物加速从农区消失；二是投入不足和不合理利用带来农业生态系统退化，如土地侵蚀、土地沙化、地力下降、病虫害增加等，并导致野生遗传资源受到威胁。

乡村中人畜共居、畜禽散养、畜禽废渣废水乱排的现象依然十分常见。畜禽废弃物没有经过处理就随意排放，居民住房与鸡舍、猪圈、牛棚在同一个院子里，导致在村民活动区域中鸡粪、猪粪、牛粪到处都是，臭味难闻，尤其是在下雨天，都没地方下脚，让人不适。而且村民平时养成的生活习惯是不会及时打扫院子的，导致畜禽粪便留在院子，尤其是在夏天炎热的时候，味道特别臭，苍蝇到处都是，也特别容易滋生细菌，对农村生态环境造成了巨大压力。在某些乡村旅游，畜禽粪便成为十分令游客头疼的问题，成为最大的有机污染源。如果畜禽粪便没有得到及时有效的处理，则会给环境带来很多危害：占用土地和污染农田生态环境；污染水体，畜禽粪便会通过直接排放和在堆放储存过程中因降雨或其他原因进入水体；生物污染。因此，畜禽粪便不仅危害城镇郊区环境，还阻碍了养殖本身的继续发展。

生活垃圾的处理一直是困扰各个乡村旅游地的棘手问题。一方面是大量进村消费的游客所产生的无机垃圾，包括各类塑料制品及包装物；另一方面是旅游区内的饭店、旅馆产生的有机垃圾。如果这类垃圾不及时处理，必定会导致污染环境、滋生细菌、蚊蝇成群、传播疾病，直接影响旅游区的生态环境指数。

除此之外，如今各种农用塑料薄膜在乡村中作为大棚、地膜覆盖物被广泛使用。这类农用塑料薄膜很难在自然条件下进行光降解和热降解，也不易通过细菌和酶等生物方式降解，是一种长期滞留土壤的污染物。如果对农用塑料薄膜的管理与回收不善，则会导致大量残膜碎片散落农田间，造成农田"白色污染"。

（三）人文环境

人文是旅游业的灵魂，乡村旅游亦是如此。乡村旅游的人文环境以乡村农耕文明与乡村生活景观为核心，主要包括乡村聚落与村落文化、乡村宗族文化、乡村民俗文化、乡村农耕文化、乡村物质与非物质文化遗产、乡村历史重大事件和文物、乡村传统工艺和历史遗迹等。很多城市居民之所以选择乡村旅游，并不是因为它的廉价，而是想暂时远离城市的喧嚣，寻求一种回归大自然的亲切感。乡村旅游除能给予人们不受污染的自然环境外，其中的人文成分则是吸引游客的另一个重要因素。

可是一些地方在进行乡村旅游项目开发时，对资源优势转化为经济优势期望值太高，以至于出现山体被挖、树木被砍、湖塘被填、古屋被拆，优美的自然环境遭到破坏，从而导致不少乡村旅游失去了原有的自然生态魅力。有的地方则盲目追求景观的洋化和时尚化，大兴土木，破坏了乡村自然景观的原真性。所以，伴随着乡村旅游的不健康发展，乡村旅游与农村人文产生了新的矛盾，负面影响越来越明显。

首先是民俗文化的破坏。城市居民向乡村旅游的涌动对传统的乡村文化造成了强烈的冲击。许多乡村居民的语言、服饰、习俗、生活方式随着乡村旅游的开发而被城市化。许多乡村节庆、传统歌舞、服饰、工艺等传统文化活动慢慢被遗忘或改变；一些乡村旅游的民间仪式已经逐渐趋于表演化，从服装、歌舞一直到生活形式，都是在迎合游客，完全看不到村民的能动性。这不仅是对传统文化的误用，更是一种不遵守市场规范的行为。它虽然在一定时期内刺激了旅游消费，但也不可避免地造成乡村传统文化的失真，传统文化价值观的退化、消失等；而且在乡村旅游发展过程中，一些开发商为了迎合游客消费倾向，在不了解当地传统文化的情况下，将民族传统文化庸俗化。例如，一些乡村旅游点出现利用所谓的传统婚姻习俗，硬拉游客与旅游服务者举办所谓婚姻仪式的宰客现象。

其次是民居风貌的破坏。为了满足城市游客的需要，大部分乡村旅游点将本地建筑物朝着城市建筑靠拢，将传统的建筑景观拆除，原有的文物古迹也因为开发需要而惨遭破坏，乡村旅游没能充分保护和利用现有的民居风貌旅游资源。而且一些民居风貌旅游景点在开发过程中没有充分对景点项目进行可行性研究，不认真考虑景点项目本身的吸引力、市场条件、交通条件等因素，匆忙上马，在全国各地大兴土木，互相照抄照搬。因此，大多数民居风貌旅游景点都缺少独特性，真正能代表中华民族灿烂文化、五千年悠久文明的文化载体的精品为数不多。

二、乡村旅游环境生态管理策略

（一）自然环境管理策略

1. 加大环保宣传，提高环保意识

（1）乡村水污染防治

乡村旅游水污染的防治应该从以下几个方面着手开展：在乡村景区内不允许开发工业项目，对周围地区的工业项目进行严格管理，坚决杜绝工业污染源，同时还要防止那些高消耗和高污染的工业项目向农村地区进行转移；乡村旅游应当大力发展生态农业，指

导农户科学地使用化肥农药，使用高效、无污染的绿色肥料和有机肥料，尽最大努力保障食物供给的健康安全；当地政府和村民要重视当地景区内生活污水和厕所污水的处理，必须在达到国家排放标准之后才可以排放，不能像以前一样随意向饮用水源或观赏水源排放生活垃圾和污水。同时，要对游客进行环保宣传，提醒游客不要将垃圾等废弃物投入溪流、湖泊或海洋中；对于那些开展水上娱乐项目的乡村旅游，水上游艇一定要协调好动力船和非机动船的比例，水上游乐设施的使用均不能污染水源。

（2）乡村土壤污染防治

对于乡村旅游的土壤污染，要贯彻"以防为主，防治结合"的环保方针，从污染源着手，同时还要提升土壤的自然净化能力。可以在游客中普及相关的土壤保护知识，帮助游客认识到严重的践踏行为会对土壤和植被造成不良的影响。加强对农用水源和污水灌溉的管理，避免带有不宜降解的高残留污染物随水进入土壤，导致土壤污染。

除此之外，应对乡村旅游区的农药化肥污染进行防治。为了减少农药残留，近年来，人们对高效、低毒、低残留农药的研制十分重视。一些可被生物降解的农药相继研制成功，并在生产中得到应用。另外，生物农药的开发和应用研究也取得了丰硕的成果。如微生物类农药具有成本低、无副作用、作用持久等优点。有人预计，生物农药有望逐渐取代目前大面积应用的有机磷农药。针对已经被化肥污染的乡村旅游区，可以利用水浮莲、水葫芦等水生植物对氨、磷等营养成分进行吸收，既净化水体，又可获得植物产量，增加肥料和饲料。在出口处种植香蒲等灯芯草属和芦丛植物，可利用草席、草篮等在中游培养水浮莲、水生贝类，使其作为饲料，养殖畜禽。

（3）乡村大气污染防治

我国的大气污染状况十分严重，遍及全国各地，因此一定要重视这一方面，使乡村空气可以保持原有的清新。首先，乡村旅游要经过合理规划与科学布局，如污水处理厂、厕所、垃圾转运站等设施，应当建在主要游览区全年主导风向或者旅游季主导方向的下风侧。其次，应当改进乡村旅游的燃烧设备，在村民中推广清洁有效的除尘设备。相关部门一方面要尽力改善燃烧设备，使燃料能够充分燃烧，减少烟尘等有害物质；另一方面还要对燃料种类进行挑选和处理，在乡村旅游大力推广使用天然气、沼气等清洁能源，杜绝焚烧秸秆等行为。最后，控制交通污染也是必不可少的，核心旅游区应尽量控制机动车辆进入，推广使用环保交通工具，减少由于尾气排放带来的大气污染。

（4）污染物的植物修复

植物是环境污染的直接受害者，但它又可以净化改善环境。近几十年来我国在利用植物治理环境污染物以及构建植物污染物净化体系等方面的研究有明显进步，还由此产生了独特的环境修复技术——植物修复。

植物修复技术是以植物忍耐和超量积累某种或某些化学元素的理论为基础，利用植物及其共存微生物体系清除环境中的污染物的一门环境污染治理技术，属于生物修复技术。广义的植物修复技术包括利用植物修复重金属污染的土壤、利用植物净化空气、利用植物清除放射性元素和利用植物及其根际微生物共存体系净化土壤中有机污染物四个方面。

可以用于植物修复技术的植物几乎包括所有的高等植物，如野生的花草树木以及栽培的草皮、树木、作物等。通常根据污染物的类型、污染位点特征（水体或土壤）、植物的生物学与生物化学特征及其固定、降解、吸收污染物的能力来选择合适的植物进行污染位点的植物修复。在绝大多数情况下，能用作植物修复处理的植物应在污染和非污染的土壤或水体环境下都能正常生长，并没有明显的生长抑制现象。用超积累植物来治理重金属污染的土壤，如果植物生长受到明显抑制，则其去除污染能力不达标。

总之，广大游客和当地农民是乡村旅游生态环境保护工作的主力军，也是最大的受益者。应当加强对目标人群的指导、培训和宣传教育，充分利用各种媒体，开展多层次、多形式的舆论和科普宣传，积极引导游客和当地农民从自身做起，自觉培养环境忧患意识，增强环保理念，参与环保实践，这是乡村旅游中生态环境保护工作开展的基础。

2. 制定乡村旅游规划，进行环境影响评价和环境监测

要合理制定对乡村旅游的开发规划，在开发前期做好生态环境影响评价，做好开发以及经营过程中的环境监测，这样不仅可以防止对资源和环境产生巨大破坏，而且可以保障乡村旅游的成功运作。因此，在对乡村旅游做旅游区总体规划的编制时，一定要对旅游区的生物种群、地质环境以及所涉及的影响环境质量的所有因素进行认真的调查分析，保证在乡村旅游的所有建设工作都必须按照适度、有序、分层次开发的原则，坚决杜绝任何形式的对生态环境产生破坏的行为。

在乡村旅游的开发过程中，必须对每个开发项目都进行环境影响评价。环境影响评价的重点主要是乡村旅游对自然风景区资源和生态环境的影响评价、生态环境承载力和旅游容量的评价、生态保护和修复的技术方案及管理措施评价、环境污染治理工程的评价、生态影响的损益评价等。

环境监测的目的是通过反馈信息检验和判断生态环境质量是否符合有关规定，建议决策部门采取防治措施。为此，各乡村旅游的热点区域应当建立环境监测网络，监测手段除化学分析和物理测定外，更重要的是生物监测。监测范围主要包括重要景点保护区、分散游览区等，内容涉及动植物生长繁殖情况，大气、水体及土壤污染的潜在危险及地质灾害等情况。

3. 预测生态环境承载力，实行区域轮休

生态环境系统是否平衡会直接影响乡村旅游的质量。每一个旅游区域都有自身的生态环境容量，容量的大小决定了旅游区域承载

力的大小。对于每一个乡村旅游来说，要想实现可持续发展，就要把旅游业的开发规模和旅游接待者、来访者的数量都控制在既能使旅游活动长期开展，又不会给目的地生态环境造成严重破坏或不可逆的恶化水平之内。从这个意义上说，根据目的地的生态环境承载力决定对旅游发展的管理也自然变成实现旅游可持续发展的核心。因此，乡村旅游的管理者应该在考虑旅游目的地自身特点的基础上，准确计算出该地区的旅游承载力，以实现科学管理。

生态环境在一定程度上具有自我修复的能力，但过多过于频繁的人为活动会影响这种能力，于是就有专家提出"轮休制度"。它原指在农业上某一个耕种时期内不种植农作物，使土地空闲以恢复地力。我国拥有丰富的乡村旅游资源，但目前乡村旅游产品形式单一且同质程度高，采用平铺式的开发利用只能造成资源的巨大浪费。将轮休制度应用于乡村旅游的管理，可以改善这一缺陷。发展乡村旅游的地区在被开发利用的同时需要适时适度的休养来恢复植被、保持生物多样性，进而全面提升景点生态环境指数。对于那些短期生态旅游环境饱和或者超载的生态旅游区，应充分考虑旅游淡季的休养生息和环境补给，实现生态、旅游可持续发展。

（二）生产环境管理策略

1. 改善基础设施

由于来乡村游玩的游客主要来自城市地区，因此目的地要努力优化设计布局并解决好便捷的通信网络、道路交通、公共设施、导游素质等配套问题。除此之外，还要重视旅游目的地环境以及接待设施的卫生与食品安全。在基本的生活条件与用品上要与城市接轨，如厕所、厨房、用饭、用水、洗澡等基础设施及卫生的保障。必须要改善交通设施，其中最关键的就是要做好农村居民社区内外道路的建设规划、资源开发、绿化布局、生态保育、循环利用、景观维护和土地整理。还可以在城市与旅游目的地之间设立旅游专线，改善原有交通，这样一来，游客通往旅游地的道路也就畅通了。只有在基础设施完善的条件下，才能将乡村旅游的魅力充分展现出来，从而增大留住游客获得经济效益的概率。综上所述，在发展乡村旅游的过程中，要不断改善农村环境与生产条件。

在完善乡村基础设施的过程中，主要障碍之一是资金投入不足，这就需要多方引资，加大资金的投入。乡村旅游的经营者在资金筹集不足的情况下，政府为了帮助经营者获得所需资金，可以与银行合作推行具有扶贫性质的小额贷款；或者实施一些涉农优惠政策，有选择地减免税费，降低农民和经营者的财务负担。最关键的是要鼓励民间资金投入乡村旅游产品的开发和经营领域，拓宽融资渠道，通过多种渠道解决乡村旅游的资金来源问题。通过对农民投资的积极鼓励，引导农民对乡村旅游项目的大力投资，这样可以有效提高农民参与的积极性。

2. 采用生态农业模式

生态农业模式是按照生态农业的本质特征，以合理利用资源、低耗、清洁化生产和高产、高效为目标，通过合理开发配置资源，实现生产与生态良性循环而设计的农业发展模式。更重要的是，农业发展模式可以极大地减少因为不当的农业生产、养殖和畜牧对生态环境带来的压力，利于建设生态乡村旅游。

借鉴国内外学者关于生态农业模式分类的成果，根据资源、物质循环的利用方式，生物之间、生物与环境之间的系统结构、功能关系，将我国现有的生态农业模式分为以下四种类型：物质多层利用型、生物互利共生型、资源开发利用与环境治理型、观光旅游型。

（1）物质多层利用型

该类型是按照农业生态系统的能量流动和物质循环规律构成的一种良性循环生态模式。在该模式中，通过增加生产环和增益环将单一种植和高效饲养以及废弃物综合利用有机结合起来，在系统内做到物质良性循环、能量多级利用，达到高产、优质、高效、低耗的目的。在该系统中，一个环节的产出是另一个环节的投入，让废弃物在生产过程中得到多次利用，形成良性循环系统，从而获得更高的资源利用率和最大的经济效益，并有效防止废弃物对农村环境的污染。

（2）生物互利共生型

该类型利用生物群落内各层生物的不同生态位特性及互利共生关系，分层利用空间，提高生态系统光能利用率和土地生产力，增加物质生产。这是一个在空间上多层次、在时间上多序列的产业结构类型，使处于不同生态位的各生物类群在系统中各得其所、相得益彰、互惠互利，充分利用太阳能、水分和矿物质营养元素，实现对农业生态系统空间资源和土地资源的充分利用，从而提高资源的利用和生物产品的产出，获得较高的经济效益和生态效益。生物互利共生型以先进适用的农业技术为基础，以保护和改善农业生态环境为核心，强化农田基本建设，提高单产。该类型又可分为农林牧副渔复合型、农作物复合种植型和其他复合型。

（3）资源开发利用与环境治理型

该类型依据生物与环境相互影响的原理，以生态效益为主，兼顾经济效益，运用生态经济原理指导和组织农业生产，保护和改善农业生态环境与生产条件，提高农业综合生产能力，把人类农业生产活动纳入生态循环链内，参与生态系统的生物共生和物质循环，力求生态、经济和社会效益协调发展。该类型又可分为环境治理型和资源开发型。

（4）观光旅游型

该类型是运用生态学、生态经济学原理，将生态农业建设和旅游观光结合在一起的良性模式。它是在交通发达的城市郊区或旅游区附近，以当地山水资源和自然景色为依托，以农业作为旅游的主题，根据自身特点，将旅游观光、休闲娱乐、科研和生产结合为一体的农业生产体系。观光旅游型生态农业模式是一种新的园林形式，是近年来新兴的城郊农业发展模式，其以市场需求为导向，以农业高新技术产业化开发为中心，以农产品加工为突破口，以旅游观光服务为手段，在提升传统产业的同时，培植名贵瓜、果、菜、花卉和养殖特种畜、禽、鱼以及发展第三产业等新兴产业，进行农业观光园建设，让游客在旅游中认识农业、了解农业、热爱农业。根据农业观光园的应用特点，将其分为观光农园、农业公园、教育农园三类，各类型中又包含多种模式。

3. 固体废弃物污染的防治

（1）垃圾收集设施

在乡村旅游内，一定要放置足够的垃圾收集设施。这些垃圾收集设施包括日常使用的固体垃圾箱，也包括针对游客集中时在旅游旺季临时增加的垃圾收集设施。条件较好的乡村旅游应当设置分类垃圾收集设施，督促游客对垃圾进行分类处理。除此之外，在乡村旅游必须设立垃圾处理场和垃圾转运站，这些地方必须远离水源。在旅游旺季要额外做好垃圾处理工作，保证每日至少清运一次垃圾。

（2）堆肥处理

固体废弃物中的有机物在微生物的作用下，经过一系列生物化学反应，最后会形成一些类似腐殖质土壤的物质，这些物质可用作肥料，并且可以用来改良土壤。堆肥处理的方法对资金和技术的要求低，而且操作十分简单方便，所以在乡村可用于农村固体废弃物尤其是家庭固体废弃物的处理。在农村地区，主要采用秸秆及牲畜的粪便来进行堆肥。大量实践证明，如果把蚯蚓堆肥加到常规的堆肥程序中，可以有效缩短反应时间，提高堆肥质量，减少环境污染，控制有害细菌。

（3）填埋处理

垃圾填埋处理法就是把固体废弃物放到人为构造出来的空间内，然后对垃圾进行覆盖填埋的方法。垃圾填埋处理的方法相比其他方法来说操作简单容易，而且成本比较低。在处理固体垃圾废弃物方面，这是使用率比较高的一种方法，可以解决大量的生活垃圾。但是，这样简单的垃圾处理方法也存在一些缺陷。垃圾填埋需要大面积的土地来完成，而且受地质条件的影响较大，因此如何选址变得越来越困难。我国最常采用的方法是厌氧填埋法，具有操作简单、技术成熟、处理费用低、工艺简单、处理量大等优点，目前主要采用这种方法来对城市垃圾进行处理。这种方法能够实现资源的有效回收利用，减少垃圾对生态环境的破坏。

4. 焚烧

焚烧处理是一种高温热处理技术，即以一定的过剩空气量与被处理的有机废物在焚烧炉内进行氧化分解反应，废物中的有毒有害物质在高温中氧化、热解而被破坏，同时回收热能。其主要目的是尽量焚毁废弃物，最大限度地避免产生新的污染物质，尽可能避免二次污染。

5. 使用可降解农膜

农民为了减少支出，降低生产成本，在生产中会大量使用超薄地膜。这些超薄地膜质量都不好，稍微一用力拉扯就会损坏，回收难度较大，只能让这些超薄地膜遗留在土中，久而久之，就会有大量的农膜积累埋藏在土壤之下。而那些经过多年的累积被埋在地下的残膜碎屑，是没有办法进行清理的，最终成为农田的永久垃圾，对土壤造成永久性污染与破坏。针对这些"白色污染"，最重要的是要研制并尽快投入使用可回收和可降解的地膜。因此，要加快研发可替代现行的劣质塑料地膜的新材料、新产品，对已经取得防治污染的科研成果要大力推广，让这些有利于环境保护的科研成果能够最大限度地发挥功效。另外，在各乡村旅游开展宣传活动，使广大群众和生产、销售企业都认识到塑料制品对大自然的污染，树立节约资源和保护环境的意识，自觉合理地使用生产资料，依法生产和销售合格地膜。

6. 增强环境意识

我国的农业生产由于长期受到粮食不足和贫穷的双重压力，常以牺牲生态效益、长远效益为代价来获取短期的"富裕"，形成资源破坏和贫穷的恶性循环。与其他行业相比，全社会对农业的重视不够，农业资源的综合利用工作也相对落后。

在日益重视可持续发展的今天，首要的工作就是更新全社会的观念，强化人们对农业废弃物资源化利用的认识，充分认识到农业废弃物综合利用的经济与社会价值，认识到开展农业废弃物资源化利用是可持续发展的重要方面，认识到农业资源和环境资源过度消耗是导致环境退化和破坏的主要因素。因此，必须降低资源消耗，严格控制人口增长，改变农业消费结构。只有突破传统的资源、废弃物的概念，才能真正推动我国农业废弃物资源化利用的进一步发展。

（三）人文环境管理策略

乡村人文生态是以自然生态为物质基础，人类孕育出的价值理念、思想意识与思维方式，以及由精神形态外显出的民风民俗、宗法制度等，反映了人与自然、人与人之间关系的生态制度、生态行为。换言之，乡村人文生态是不同区域的村民为了适应与利用当地自然生态、满足自身生存与繁衍需要所形成的精神、制度与行为。人文生态的形成过程与地域特色决定了建设主体必须是当地村民。

乡村人文生态建设是指整合传统人文生态资源，融合现代生态技术，构建符合乡村社会发展要求的人文生态体系，以帮助村民重塑生态观念，培养生态习惯。乡村人文生态建设是一项意识转变工程，仅凭注意事情而不注意人的法规约束难以取得实效，还需要伦理情谊化的、以人生向上为目标的乡规民约及使乡规民约精神见诸实际的宣传教育、经济实践与制度保障。具体策略如下。

1. 强化生态教育

当前，大多数对村民的生态教育都是生产常识的普及或者农业改良技术的推广。在农村人群文化水平普遍不高的情况下，提高广大农民的人文生态意识和认识水平可以通过开展宣传教育工作来实现，进而增强他们参与保护家园的意识。因此，对乡村旅游村民的生态自觉意识的社会教育必不可少。传统的宣传培训方法有宣传标语、漫画海报、农业推广等。新的教育模式内容与其相比有所不同，如宣传者是乡村居民的代表，宣传者向村民反映的人文生态教学需求能够真实反映全体村民的意见，即教育方法和教育内容是由乡村旅游的全体村民共同讨论、主动选择出来的。这种新的教育模式可以有效地提高村民对乡村人文生态社会教育的认可度，同时还可以为村民匹配合适的教员，向村民介绍新知识、新技术，拓宽村民的视野。

除此之外，要加大新闻媒体的宣传力度，及时报道生态建设和文化保护的先进典型和成功经验，调动农民群众参与农村人文生态保护的积极性和主动性。要用看得见、摸得着的身边事教育身边人，使农民学有榜样、赶有目标、做有信心，逐步推动农村人文生态保护科普工作的深入开展。

2. 保护民居风貌

在对乡村旅游的民居建筑保护更新的基础上，要加强对周边环境节点的恢复性改造，重点恢复乡村旅游的民居建筑的街面和巷道空间，保护乡村旅游的民居建筑的标志性和完整性特征。要改善或完善乡村旅游的民居建筑的文化休闲节点，将居民文化休闲活动场所与旅游观光休闲活动场所结合起来，以形成良好的民俗文化环境氛围，促进乡村旅游的民居建筑区域的经济文化建设的良性发展。

除此之外，还要将乡村旅游的民居建筑的保护更新纳入总体旅游规划体系。充分利用民居的历史人文景观及建筑文化特色，结合乡村旅游的旅游文化资源，将其捆绑为旅游文化整体的一部分，使其成为当地重要的旅游目的地，以发挥该地区的整体旅游文化经济效应，增加乡村旅游的民居建筑的人文活力和经济活力，同时促进该地区的良性发展和可持续发展。

在保护乡村旅游的民俗民舍的同时，兴建体现乡村特色的新民居不仅可以提升生活水平，还可以供游客观光游览，促进互补双赢。

3. 实施规范管理

地方各级政府在保护乡村文化和保障乡村旅游健康发展方面，必须强化政策引导，其中不断强化规范管理必将起到非常重要的引领作用。

首先是依法管理。市、县政府可以通过制定相关法规或管理条例，强调保护乡村旅游资源、文化资源和历史遗产，并坚持科学开发。县级以上的地方政府可以通过科学制定和严格实施规划确定乡村旅游开发的范围、规模、形式、容量等，力求做到项目或基地适度规模，实施开发与保护有机结合，尽量避免旅游开发对生态环境及乡村文化造成破坏。

其次是引导多元投入。各级地方政府可以通过财税和金融手段，激励旅游经营者有效保护乡村传统文化面貌和富有特色的"乡村性"旅游品牌。乡村旅游地所在县、市政府要把乡村旅游的合理开发与经营管理措施结合起来，将优化资源开发与品牌引领创业纳入地方特定的行政管理职能，同时要求各级职能部门深入调研，充分分析，梳理方向，明确责任，科学制定出乡村旅游相关管理办法或条例，对乡村旅游与生态保护以及文化传承的项目审批、经营管理、安全保障、配套设施、环境卫生等方面进行规范与监督，全面引导乡村休闲观光与人文生态旅游基地建设与优化经营，促使乡村旅游的家庭农场、合作组织与行业协会逐步创立，并规范走出一条自律管理与特色发展之路。

4. 人文旅游的开发利用

（1）民居建筑的开发和利用

住宿是游客最重要的基本需要，也是游客停留时间较长的地点。现代饭店服务功能的增加都是在满足游客住宿需求这一最根本、最重要功能的基础上的延伸。如何能使游客在享受舒适和休息的同时，领略民族独特的文化氛围，是值得我们认真研究和开发利用的。

人类的居住形式是人类物质文化的反映，人们居住地的自然环境、气候条件、社会经济发展水平各异，因此，人们的居住习俗也就各具特色。民居建筑是时代的写照，是艺术、文化、科技高度集中的反映。各个历史时期的建筑，都反映了其所处时代的文化、民族和地域特色。所以，民居建筑有巨大的艺术容量和强烈的艺术表现力，它能映射某一文化环境中的群体心态，构成人文旅游资源中一道绚丽的风景。在我国，至今仍能看到各种不同形式的民居建筑，它们几乎涵盖了人类早期建筑的各种形态，是宝贵的人文旅游资源。我们可以充分利用民居文化资源，建设具有民俗特色的饭店，如云南傣族的竹楼饭店、北京的四合院饭店、西北的窑洞饭店、草原的蒙古包饭店等，能吸引更多的游客。

（2）民俗节日的开发利用

从人类社会进入文明时代后，就形成了形形色色、数目众多的民俗节日、庆典活动，这是我们可开发利用的宝贵的人文旅游资源。节日文化是以文化活动、文化产品、文化服务和文化氛围为主要表象，以民族心理、道德伦理、精神气质、价值取向和审美情趣为深层底蕴，以特定时间、特定地域为时空布局，以特定主题为活动内容的一种社会文化现象。它是人类文化的组成部分，是社会文化的一个重要分支，是观察民族文化的一个窗口，是研究地域文化的一把钥匙。从中挖掘出内容健康向上、展示性强、独具特色的民俗节日、庆典活动，可使游客在浓烈的节日气氛中满足自身对物质、文化的需求。所以，充分利用民俗节日、庆典活动，推出丰富多彩的节日旅游产品，是发展人文旅游资源的最佳选择。

在某种意义上，民俗节日是该民族民俗生活的集中演练，是民俗活动的大展示，游客可以由此直接了解和考察该民族或地区的民俗生活，在群众性的狂欢中受到感染和熏陶，增加知识，得到休息、娱乐，使身心愉快和放松。在节日中，人们会把民族文化展现得淋漓尽致，把各种民俗娱乐活动推向高潮，这是游客平时看不到的风景，体验不到的民情，是一项待深层次开发的民族文化宝库。

（3）民俗娱乐活动的开发利用

为了改变游客"白天看庙，晚上睡觉"的单调、枯燥的旅游生活，我们必须重视娱乐、文化生活的开发、利用工作。在文化、娱乐方面，我国有丰富的人文旅游资源。民间文学作品如神话故事、娱乐故事、地方故事、民歌、民间戏剧等反映的物质生活和精神生活，既是当时社会、经济、文化的一面镜子，也是一笔可开发利用于满足游客精神文化需求的旅游资源。民间音乐、舞蹈以及体育是民族风俗文化的一部分，它们反映了民族性和兴趣爱好具有广泛的群众性和参与性，能使游客休息娱乐、锻炼身体、愉悦身心。民族音乐、舞蹈以及体育应当成为重要的人文旅游内容。

总而言之，从上述思路出发，我们应该着手从点、线、面开发建设。所谓"点"，就是人文旅游点，即建设、开发各种民族风情园、民俗村、民俗博物馆等；所谓"线"，即人文旅游线路，以不同的时间、空间条件为转移的人文旅游线路；所谓"面"，即人文旅游区，这是建立在"点""线"基础之上的人文旅游区。在民俗文化、自然景观、历史遗迹较为集中、丰富的地区，适合建立人文旅游区。

在人文旅游资源的开发上，我们还应朝着复合型多功能的方向发展，单一的旅游活动已很难满足旅游者的多种需要。复合型多功能的旅游是多种形式、多种功能的旅游，它涵盖了各种专项旅游。这是旅游人员构成大众化和旅游者层次日益广泛，从而产生多种需求，并向高层次发展的结果。所以，只有开发复合型的多功能旅游产品，才能吸引更多的旅游者。

在开发人文旅游产品时，我们还应该注意产品的组合型，把观光与参与性、民俗文化与自然风光、动态与静态、度假休闲与经贸活动等方面的人文旅游产品组合起来，多层面地展示民俗文化，推出复合型多功能的人文旅游产品，这是开发利用人文旅游资源的必然趋势。

第六章　宁夏乡村规划设计

近年来，宁夏各级农业农村工作部门认真贯彻落实习近平总书记重要讲话以及中央农村工作会议精神，汲取建党百年强大动力，全面落实自治区党委、政府部署，以黄河流域生态保护和高质量发展先行区建设为统领，统筹做好乡村规划等"三农"工作，扎实推进"乡村振兴"各项事业，全区农水林工作取得了新成效。

"在西部地区脱贫县中集中支持一批'乡村振兴'重点帮扶县，增强其巩固脱贫成果及内生发展能力"是"十四五"时期全面推进"乡村振兴"的重要内容。要改善人民生活品质，尽力而为，量力而行，大力实施百万移民致富提升、城乡居民收入提升、基础教育质量提升、全民健康水平提升"四大提升行动"。这是自治区党委认真贯彻落实习近平总书记视察宁夏时的重要讲话精神、全面促进"乡村振兴"、助力实现共同富裕的重大实践行动。实现脱贫攻坚战后，宁夏脱贫地区农户传统"等、靠、要"的思想观念得到了极大转变，物质富裕得到全面满足，强大的内生发展能力成为迈进共同富裕道路上新的战场要求。增强脱贫县巩固脱贫成果、提升内生发展能力是当前与未来宁夏脱贫县域全面促进"乡村振兴"的重大课题，是自治区党委实施"四大提升行动"能力提升的现实探索。

第一节　宁夏乡村规划发展的现状

一、乡村生活环境建设

（一）农村基础设施得到不断完善和加强

近年来，自治区围绕"宜居、宜业、宜养、宜游"目标，积极探索生态宜居乡村建设模式，全面开启农村水、电、路、房、讯等公共基础设施建设和配套服务。（1）强化农村供水配水管网改造工程，使农村自来水普及率达到 91%。在努力加强农村供水保障能力的同时，提升饮水安全标准，将"千吨万人"农村集中式饮用水水源地纳入日常环境质量监测，确保饮用水水源水质安全。（2）坚持最严格的耕地保护制度，将优先保护类耕地划为永久基本农田。超额完成了国家下达的 1748 万亩耕地保有量、1399 万亩永久基本农田保护面积任务。在永久基本农田集中区域，不再规划对土壤环境造成污染的各类建设项目，确保耕地面积不减少、土壤环境质量不下降。（3）农业标准化生产水平显著提高，高标准实施土地整治工程，全区现有国家级农业标准化示范园区 69 个、全国绿色食品原料标准化生产基地 14 个、有机农业（水稻）示范基地 2 个、国家级畜禽标准化示范场 72 个。（4）结合"两不愁三保障"民生工程，累计补助资金 66 亿元（中央补助 33 亿元，自治区配套 33 亿元），改造农村危窑危房 49.23 万户，使 150 万农村贫困群众住上了安全房。（5）加强县乡道路改造和连通道路建设，农村公路总里程达到 2.85 万公里，乡镇三级及以上公路所占比重达到 98%，村村通硬化道路实现全覆盖。（6）积极实施农村电网提质和信息入户工程，大力推进 5G 网络、大数据中心等"新基建"项目建设，开通 5G 基站 4082 个、4G 基站 3.5 万个，实现全区所有行政村光纤和 4G 网络全覆盖。（7）建立健全统一的城乡居民基本医疗保险制度，不断提高基层基本医疗和基本公共卫生服务能力，实现村级标准化卫生室全覆盖。

（二）有效推进农村生活污水治理和垃圾处理

农村生活污水治理得到稳步推进，累计投资 16.87 亿元，实施农村生活污水治理项目 218 个，全区农村生活污水治理率达到 20.3%。一是以县为单元分类分区治理农村生活污水，按照"整村推进"的原则大力推进农村生活污水治理与资源化利用，强化农村生活污水治理与改厕相衔接，使农村生活污水得到逐步治理。二是全力推进农村黑臭水体治理，根据水体黑臭程度、污染成因、水文气候和经济发展水平合理选择治理技术和模式，实施农村生活污水治理、农村厕所粪污治理、畜禽粪污治理、水产养殖污染防控、种植业面源污染治理、工业废水污染治理及垃圾清理等技术措施进行综合治理。三是积极落实污染治理属地责任，推动河长制、湖长制体系向村级延伸，完善农村水体及河岸日常清理维护制度。

建立健全农村生活垃圾收运处置体系，使农村生活垃圾得到有效治理。一是制定垃圾治理设施设备配备规范和建设计划，优化户、村、乡镇、区域或县域四级垃圾治理机构，改造建设乡村垃圾中转站 223 个、填埋场 187 个，使全区生活垃圾能够得到治理的村庄达到 95%。二是持续开展农村生活垃圾源头分类减量和资源化利用，积极推动农村有机生活垃圾与农业生产有机废弃物处理和资源化利用，实现垃圾"就地、就近、就农"资源化利用和无害化处理，垃圾分类和资源化利用村庄川区达到 43%、山区达到 19%。

（三）大力实施农村厕所革命

农村"厕所革命"是提高农民生活品质、提升乡村文明水平的一项重要指标。近年来，自治区紧紧围绕打造特色美丽乡村目标定位，把农村改厕作为农村人居环境整治的一项重大民生工程，结合当地群众生活习惯和地理条件等因素，以粪污治理为推进农村厕所革命的关键要素，围绕节水、防冻两个环节，大力推广钢筋混凝土3 格化粪池、节水防冻等改厕技术，有效破解了干旱寒冷地区水冲式厕所的技术难题。将全区 22 个县（市、区）按照一、二、三类县划分，研究制定出符合当地实际的三种改厕模式，对靠近城镇的村庄，按照城乡统筹发展要求，建设完整下水道式卫生厕所，粪污直接纳入城镇污水管网；对居住集中的村庄，建设小型污水处理设施，主推室内水冲式卫生厕所；对地处偏远、居住分散的村庄，大力推广由"沉淀池、发酵池、粪液池"3 格组成的节水防冻型地下储水高压冲水三格式化粪池厕所。据统计，截至 2020 年底，全区累计改造农村卫生厕所 21.8 万户，卫生厕所普及率达到 58%，其中一、二类县 89%，三类县 41%。以海原县为例，该县属六盘山集中连片特殊困难地区国家级贫困县，2019 年以来该县依据《宁夏农村"厕所革命"提升行动指导意见》要求，把改厕与村庄布局、抗震宜居农房建设、生活污水治理、资源化利用等要素统筹考虑，科学有序推进农村厕所改造，完成农村户厕改造 16306 座，农村卫生厕所普及率由 2018 年的 5.4% 提高到 2021 年的 27.1%，使用率达到 90%，完成公厕建设 42 座，覆盖镇村驻地、城乡结合部、乡村文化广场、集贸市场、旅游景区等各个领域，农村"如厕难"问题得到基本解决。

二、乡村生态环境综合整治

（一）乡村生态空间保护

乡村生态空间保护涵盖空气环境质量、耕地资源保护、水资源有效节约利用、生物多样性保护、田间生物群落恢复和田园生态景观建设等。《2020 年宁夏生态环境状况公报》显示，全区农村环境质量监测的 30 个村庄，环境质量总体保持稳定。其中，22 个村庄空气质量达到《环境空气质量标准》（GB 3095－2012）二级标准，首要污染物的日平均浓度达标率接近 100%。在耕地资源保护方面，自治区坚持最严格的耕地保护制度，多措并举实施耕地保护和土壤污染防治管理，高标准实施土地整治工程，补充耕地 10.2 万亩，使全区耕地达到 1 821.69 万亩，人均耕地达到 2.53 亩。在长期的农业生产实践中，宁夏各族群众经过不断筛选，培育小麦、水稻、玉米、枸杞、马铃薯等新品种 29 个，积累了许多与当地生态资源具有良好协调性的物种类种质资源，譬如盐池滩羊、中卫山羊、灵武黑山羊、泾源鸡等畜禽种质资源，北方铜鱼、兰州鲶、黄河鲤等鱼类种质资源，枸杞、甘草、黄芪等药用植物种质资源，贺兰山葡萄、彭阳红梅杏、灵武长枣等果树种质资源，海原小茴香、同心银柴胡、固原燕麦、西吉马铃薯等农作物种质资源，这些遗传种质资源不仅是宁夏农业资源多样性的重要基因库，也是目前国内利用基因组、转录组、代谢组等技术分析稀少的品种资源，在生态营养方面具有独特的生态适应性和较高的营养价值，具有抗病、抗虫、抗旱、耐盐等特征，有着丰富的遗传多样性，为生物多样性和生态环境保护发挥了重要作用。

(二) 乡村环境污染防治

随着现代化工技术在农业中的推广使用，大多数农民为了追求农业经济效益的短平快，大量使用农药、化肥、除草剂、农用地膜等，严重影响了土壤种植环境。据统计，2020 年全区化肥使用量104.46 万吨，利用率 40.1%；农药使用量 2570.55 吨，利用率40.8%；农用地膜覆膜面积 359 万亩，年使用量 2.16 万吨，回收量 1.84 万吨，残膜回收率 85%。就如何减少农药、化肥等化工原料在农业中的不合理投入以及消除农用地膜对土壤的污染，宁夏采取了一系列措施深入实施农业生态环境保护。一是通过化肥农药投入减量、绿色替代、种养循环、综合治理等方式，有效推广测土配方施肥、水肥一体化和绿色防控技术，促进化肥农药减量增效。二是通过畜禽粪污资源化利用、秸秆离田多元利用和农膜回收再利用等方式，积极推进农业废弃物资源化利用。三是加强畜禽养殖污染防治，推进畜禽粪污治理和综合利用。在畜禽养殖废弃物资源化利用方面，全区规模养殖场粪污处理设施装备配套率达到 95% 以上，大型规模养殖场粪污处理设施装备配套率达到 100%，畜禽粪污综合利用率达到 90% 以上。四是优化水产养殖空间，严禁非法药物使用，积极发展稻渔立体生态种养等健康放养方式，大力推广渔业养殖尾水处理技术应用，确保尾水减量、达标。五是严格建设用地准入管理，稳步推进土壤污染修复项目，实施吴忠市巴浪湖农场和贺兰县幸福村土壤污染修复试点项目，为污灌区土壤污染治理与修复提供可借鉴的技术和经验。

(三) 乡村林草绿化

在持续实施天然林资源保护、退耕还林还草、湿地保护与恢复、自然林保护区建设等重大生态工程的基础上，大力开展乡村绿化行动，充分发挥林草植被在改善农村生态环境中的作用。(1) 围绕环城镇、环村庄、沿公路、沿河道、沿轨道"两环三沿"以及湿地、水源地、自然保护区等重点区域栽植苗木，最大限度扩大乡村林草绿化面积。海原县围绕乡镇驻地、村部、学校、卫生院、村道、河道两岸遗留空地，累计完成乡村绿化苗木栽植 60 万株 8 108.1 亩，其中乡村主干道路及村部完成苗木栽植 38.4 万株，清水河、贺堡河 2 条河道两岸完成苗木栽植 2.47 万株。(2) 鼓励农户在房前屋后、闲置土地、山坡遗留空地等空白区域开展村庄绿化美化和庭院经济林建设，建设具有乡村特色的绿化景观。同心县积极实施大规模国土绿化行动，累计绿化村庄 83 个，完成村庄绿化面积 6990 亩，种植庭院经果林 46.9 万株，村庄绿化覆盖率达到 22% 以上，村容村貌明显改善，人居环境持续提升。(3) 严格保护村落古树名木，重点推进村内绿化，实施山坡、沟渠、河道、村道、农田周围全面增绿。中卫北长滩村是宁夏入选"首批中国传统村落名录"的历史文化名村，这里盛产红枣和香水梨，村内有二三百年的古梨树 50 余棵，一百年以上的古梨树 130 余棵，枣树从黄河岸边一直延续到村里，每年 4 月上旬，梨花绽放、花香袭人，焕发青春的古树和滔滔黄河水相映成趣。(4) 生态修复工程方面，固原市以清水河、葫芦河、渝河、泾河、茹河等流域治理为重点，依托南部水源涵养林等工程建设，完成生态修复 56 万亩，累计治理水土流失面积 960 万亩，逐步实现了"山变绿、地变平、水变清、路畅通"的生态治理目标。

三、乡村规划布局与村落文化

(一) 村庄布局与村容村貌美化

乡村整体规划主要针对需要整体搬迁、撤并集中和保留提升的村落，按照硬化、绿化、亮化、美化要求，就村庄内部的生产、生活、生态空间进行科学规划和合理布局。例如，田拐村以创建自治区级乡村治理示范村为契机，积极争取整村推进项目，整合资金1800余万元，以自建、代建方式，改造危房 468 户，硬化巷道12.8 公里，安装太阳能热水器 760 台、路灯 165 盏，新建公园、文体广场、文化服务中心、卫生室和民俗展厅，实施旱作节水"坡改梯田"工程，投入资金 2 350 万元，建成 1 万亩红梅杏基地，配套种植景观油菜，大力发展肉牛养殖、交通运输、劳务输出、乡村旅游等产业，培育农家乐 15 家，让农业成为有奔头的产业。在村庄布局与村容村貌美化过程中，不仅要规划好村内道路、水电、房屋、沟渠、管道，合理布局村庄绿化、照明等基础设施，还要注重地域风俗，充分吸取当地传统民居特色元素和文化符号，比如中卫大湾村"黄河宿集"，原是一个被遗弃的古老村落，在旧村新改过程中，开发商将挖掘原生态村居风貌和引入现代元素有机结合，尽量保留当地民居夯土建筑风格和农业生态景观，坚持村落建筑与黄河、沙漠、烽火台、古树自然融合，绘出了一幅怡然自得的美丽乡村画卷。近年来，自治区依据乡村地域分布规律和生态功能定位，通过整村推进、搬迁合并、特色优化等措施，整合建成一批绿色小城镇、绿色村庄，积极推动美丽乡村高质量发展。目前，已完成12 个国家级和自治区级特色小城镇的规划任务和三年培育计划，已成功实施 20 个重点乡镇和 150 个"集聚提升类、城郊融合类"美丽村庄规划建设。

（二）美丽乡村示范区建设

近年来，自治区按照"产业兴旺、生态宜居、乡风文明、治理有效生活富裕"总要求，大力推进村镇建设和农村人居环境整治，先后实施特色小城镇、美丽小城镇、美丽村庄、危窑危房改造、人居环境整治等乡村建设重大项目，大力开展"四改"（改水、改厕、改厨、改圈）、"五化"（硬化、绿化、美化、亮化、净化）、"六通"（通水、通电、通气、通路、通信、通客车）等工程建设，持续推动以"规划引领、农房改造、收入倍增、基础配套、环境整治、生态建设、服务提升、文明创建""八大工程"为主要内容的美丽乡村建设，实行全域规划、全域提升、全域建设、全域管理，推进美丽庭院、精品村、风景线、示范县四级联动，形成"一户一处景、一村一幅画、一线一风景、一县一品牌"的宜居乡村建设。截至2021年9月，全区共建成美丽小城镇147个、美丽村庄979个，全区城市规划区外91.8%的乡镇建成美丽小城镇、60%的规划中心村建成美丽村庄，培育特色小城镇12个，其中7个入选国家级特色小城镇。

（三）乡村旅游和村落文化建设

建设生态宜居的美丽乡村离不开生态文化的继承和弘扬，需要充分发挥乡村生态文化底蕴优势。宁夏旅游资源种类丰富，在自然生态方面，大山、河流、河漫滩地、沙漠、荒滩、戈壁、峡谷、草原、黄土高坡、梯田、丹霞地貌一应俱全；在历史人文方面，全区境内有不同时代、不同风格的古楼阁、古石窟、古寺塔、古墓群、古长城和分别建于汉、唐、宋、明等不同朝代的100余处古堡类遗址，以及传承在全区各地的红色革命文化，都是宁夏实施生态宜居乡村建设的重要支撑。生态宜居乡村建设最好的办法就是依托农村特色资源，深入挖掘村落文化，凸显当地民俗风情，积极发展乡村旅游。自治区聚焦特色鲜明、生态优美、旅游要素齐全、农民增收致富目标，利用乡村生态资源和人文历史资源，把农耕活动与休闲农业、传统农耕文明与现代乡土文化有机结合起来，积极实施新农村建设和乡村旅游融合发展，推出了一批在产业上有特色、文化上有底蕴的特色产业示范村，网织出涵盖休闲农业观光游、农业观光采摘体验游、生态休闲度假游、生态康养游、研学体验游、民俗风情游、扶贫示范村休闲度假游等在内的包括银川8条、石嘴山3条、吴忠6条、固原7条、中卫4条共计28条乡村旅游线路和涵盖"贺兰山东麓红酒品鉴游""塞上江南鱼米稻香游""品民俗风情、享农趣体验趣味游""赏壮美沙海、品特色美食生态游""杞乡文化农耕体验游"等在内的包括银川6条、石嘴山4条、吴忠5条、固原5条、中卫5条共计25条休闲农业和乡村旅游精品线路，打造出乡村"自然、生态、文明、和谐"的旅游休闲体验长廊，为宁夏乡村旅游发展奠定了坚实基础。

第二节　宁夏乡村规划发展的瓶颈

一、农村环保基础设施薄弱，公共服务不配套

农村环保基础设施建设滞后，多数村庄的污水处理系统、粪便处理系统尚在规划建设中，农村污水处理站建设覆盖面小，运行机制不完善，存在停运、超标排放等问题，许多农户自建粪肥处理设施，不仅简陋，而且气味恶臭；厕所改造方面，部分县（区、市）卫生厕所改造和污水治理未能有效衔接，加上技术支撑不到位，缺乏长效运行机制，导致新改厕所质量参差不齐；农村生活垃圾分类减量和资源化利用还处于示范推广阶段，部分村庄虽设有垃圾箱，但仍有村民倾倒垃圾不入箱的现象，还有一些偏僻村庄的垃圾回收设施较少，极少有垃圾分类设施；农药包装废弃物及农用残膜回收体系不健全、秸秆资源化利用率还比较低；偏远乡村电网物网有待提升，网络覆盖率低是农村信息资源的洼地；农村物流服务网点

少，快递点设置不配套，特色农副产品运出和村民网上购物送达不快捷，村民无法享受到销售与购物的快捷体验；在能源使用方面，全区很多乡村尤其是偏僻山村的能源使用仍然停留在非清洁能源体系阶段，这就需要政府大力推动农村清洁能源配置与完善工作，倡导广大农村居民采用低碳高效的燃气能源，减少废气排放污染。

二、乡村总体建设规划不能适应发展需求

乡村总体建设规划不尽合理，大多数民居建筑基本都是村民自建，因为缺乏相应的规划设计，导致生态空间、生活空间、生产空间界限不明，村落布局较为凌乱，多数村庄存在中心区域扎堆过于密集、临街建筑较多且高低参差不齐的现象，也没有综合考虑排水、排污、绿化、农业废弃物处理、畜禽养殖粪污排放等长远规划，致使乡村空间发展布局无法形成良性互动循环；部分乡村景观规划设计没有遵循农业生产规律和农村生活规律，缺乏对村落文化和乡土人情的有效吸纳，致使部分乡村景观的生态宜居功能未能充分体现；一些移民搬迁村因为盲目追求视觉效果，没有充分考虑农村发展和家庭生活的实际情况，虽然所建房屋整齐划一，但却更多呈现出与生态可持续发展相背离的状况；农村公共空间的绿化率普遍较低，村落内部有些区域杂草丛生，给人一种荒凉废弃之感；部分乡镇虽然对沿山沿河的一些采矿、烧砖等耗能企业要求停产并拆除有关设施，但未进行生态修复，附近河沟有大量矿砂石料露天堆存。

三、农村生态环境缺乏有效的监管机制

由于农村公共环保设施缺少专业的维护技术人员，加上村民居住地较为分散，致使公共设施出现问题时难以进行快速报修、维护、更换，这就使得很多基础设施安装使用后维护管理很难落实，从而加大了公共设施的损耗速度；虽然大部分村庄（社区）的公共

服务配套设施相对完善，但在管理维护上还存在一些问题，例如：健身房、阅览室等造价相对高的场所多设置在党群服务中心，平常不对村民开放使用，基本沦为形象工程、面子工程；很多设置在村内公共区域的普通健身器械，因为普遍缺少专业技术人员的维护和管理，加上农民在农忙时节和外出务工期间基本不用，大多丧失了健身锻炼的功能和作用，也存在安全隐患；公务服务设施后期的运营、维护和管理多数依靠乡村集体经济，但村与村之间存在经济实力差距，不少村庄（社区）财政吃紧，乡村集体经济难以支付后期维护资金；在多数乡镇，农业农村污染防治标准规范、长效运维机制、污染防治监管体系等都尚未有效建立，大多乡镇都缺乏专业技术人员的有效维护和管理，再加上乡镇财政资金有限，直接影响到污水处理站的正常运行。此外，在农村人居环境整治方面，村民主动参与积极性未能有效调动，村民中大多青壮年进城务工，乡村空心化严重，村民参与生态宜居乡村建设的内在动力不足，而留守在村落里的妇幼老弱既没有参与乡村治理的积极性，也没有实施管理和监督的能力。

第三节　宁夏乡村规划发展的策略

一、加强农村人居环境改善和基础设施建设

对农村人居环境的改善要进行系统规划，在保障中央对农村人居环境改善专项资金投入使用的过程中，各地应统筹整合土地整治、饮水安全、垃圾收集与处理、粪污资源化利用、污水管网设施、养殖污染治理、农村清洁工程、环境综合整治、河堤加固、危房改造、生态绿化等相关涉农项目资金，并加大水、电、路等相关涉农工程建设进度，努力保障农村人居环境的改善和基础设施建设；在制定建设项目工程目标的同时，还应建立和加强运行保障机制，确保建设项目工程能够顺利实施。同时，在维护好乡村生态环

境前提下，积极推动融合发展，形成"生态+"复合型经济发展模式，拓展"生态+农业""生态+旅游"等新型乡村产业类型，努力推动农村自然资本附加值增值，促进生态宜居美丽乡村建设。

二、鼓励村民参与生态宜居乡村建设

农村环境治理，单靠政府或企业的支持和努力是远远不够的，还需要充分发挥农村居民在生态宜居乡村建设中的主体地位，引导村民积极参与农村人居环境规划、建设、运营、管理全过程，对接农村社区服务、保障救助、卫生保健、民事调解等方面的基本管理职能；积极动员广大村民自发、主动地参与人居环境治理，支持村级组织和农村工匠承接村内环境整治、村内道路、植树造林、退耕还林还草、补植补造等小型涉农工程项目；在畜禽粪污资源化利用、秸秆综合利用、农业面源污染综合治理农村水系综合整治、国土绿化等领域，积极引导村民筹资筹劳，自主开展农村生态环境建设，大力推动农作物秸秆资源综合利用、农用残膜回收利用及处置、垃圾分类与回收等，使农村居民养成绿色生活习惯，让节能、节水、资源回收利用成为村民的自觉行动。

三、强化生态宜居乡村建设的长效管护机制

生态宜居乡村建设是一项系统工程，不仅要注重农村基础设施建设，还要强化已建成公共服务设施的运维管护工作。在公共环保基础设施管护方面，要提升农村环境保护监管能力，落实县乡两级农村环境保护主体责任，配备专职人员负责运维管护，鼓励和支持专业化服务组织承担环卫保洁和设施维护。在改善农村人居环境的过程中，不仅要重点开展饮用水安全、厕所改造、垃圾处理和污水治理等诸多项目，还要注重其后期的维修管护工作。实施"乡村振兴"战略，应该将生态宜居指标纳入其中，在评价乡村发展质量时不能将经济效益作为唯一评价标准，而应当与乡村发展的生态效

益、社会效益、文化效益结合综合考量，加大第一、第二、第三产业绿色效能融合，凸显绿色 GDP 的指标地位，不断提升乡村旅游休闲度假区效能，在让乡村成为农村居民生活乐园的同时，吸引更多城市居民前来休闲度假和消费体验。

第四节　宁夏乡村规划发展的路径

推动乡村文旅协同发展，是城乡统筹发展的有效措施，也是"乡村振兴"的重要内容。作为一种新兴产业，宁夏乡村旅游快速发展，要大力实施创新驱动发展战略，把旅游业融入乡村规划发展全局，升级乡村旅游与文化协同的路径。

一、依托地域特色改造闲置农宅设施

现今我国已经进入一个以工促农、以城带乡的现代化新阶段。我国城镇化发展快速，人口结构发生变化，大量农业人口向非农业人口转化，城市的发展空间遭到挤压，农村的发展将会是现代化发展中新的增长点。

随着农村人口的外流和农民生活水平的提高，农村出现了大批闲置老房。闲置老房大多是土坯房或是木质结构的房屋，均为 20 世纪建造，多位于村中心，呈聚集状分布，年久失修。有些房体上已经长出杂草，极易倒塌，存在安全隐患；长年的闲置导致房屋及周围卫生情况差，是全村卫生防疫的死角地带；房屋的紧密排列导致拆除不易，成为新农村规划和改造的难点。而不少村民为了追求生活品质的提高或互相攀比的心理，新建的住宅面积也远多于实际所需。部分新宅中闲置的面积达到了总住宅面积的 40%。

农村闲置老房是新农村发展中面临的重要问题。也是制约现代化、阻碍土地集中利用的主要因素。老房年久失修，不仅易造成安全隐患，还导致土地资源的浪费。而农村闲置老房的产生与我国城镇化、人口结构变化、现有政策等因素有关。破解闲置老房的思路主要从政策的完善和灵活盘活老房出发，最大限度地发挥农宅的作用，盘活农宅经济。

农村闲置老房产生的原因多样。既是农民生活水平提高后新建住房带来的必然结果，也是农村的管理未跟上发展的佐证，更是村民将闲置老房当作固产保值的后果。

闲置老房问题的解决。首先，要关注农村劳动力流失的问题；其次，需要从体制上打破老房流通困难的阻碍，创新思路；最后，更需要因地制宜，权衡得失，物尽其用，找到适合不同村情、不同类型闲置老房和空房的解决措施，灵活化盘活老房、空房。通过调查和分析，我们认为主要可从以下三个方面进行。

（一）对闲置房进行土地的整理、复垦开发

闲置住房可以通过整理、复垦达到土地资源的合理利用。但是，此过程必须在充分尊重农民意愿的前提下，坚持政府推动、市场运作、科学规划、积极引导、因地制宜、量力而行、逐步开展。

1. 明确闲置老房的财产性，保证村民宅基地和房屋的利益

在整理、复垦的过程中，应该对闲置房屋和宅基地进行价值评估。鼓励村民新建住房后拆除旧房，对拆迁农户进行一定的补偿。还可以鼓励社会力量参与闲置土地的承包，同时对村民的补偿和承包资金要充分调动市场机制，政府积极引导，有序进行，防止出现"圈地现象"。

2. 制定村庄的统一建设规划，合理科学地对村庄进行区域设计

村"两委"应充分发挥规划的引导和调控作用，加强村庄布点规划，按照社会主义新农村及发展乡村旅游的要求，加快推进旧村改造，划定村界，控制村庄规模，改造村庄，填实"空心村"。同时组建监督组，规范村民新建住宅，杜绝随意建房和占用耕地等现象。

（二）盘活使用有价值、能利用的老房

闲置老房中类型多样，部分具有再利用的价值。因此，对于不同性质的闲置老房应该要区别对待，物尽其用。

1. 以经营理念对待闲置空房

针对可以再次利用、房屋结构也合理的较新的闲置老房和空房。一是可以将其租借给企业，利用农村的房价、物价以及劳动力价格的优势，促进企业参与发展乡村旅游，拉动农村经济新的增长点。二是依靠闲置老房发展特色旅游业，将闲置老房租借出去建设乡村休闲酒店或者自己整理、装修，用于农家乐旅游，同时还可以利用周边农田发展有主题有特色的养殖业。三是装修开发成村居养老的住房，利用农村环境好、空气清新、物价低的多种优势吸引市区老人来乡村养老，不仅缓解市区老人养老的压力，也满足本村及附近村庄的老人养老的需要。

2. 文化设施、服务性基础设施建设

对位于村中心的、建筑结构合理、安全的闲置老房，可以根据房屋的市场价值，由村民小组集体收回旧宅或由村"两委"出面购买，并在此基础上建设公共的文化性或服务性的设施。例如，公共文化性质的老年活动中心、村图书馆、村放映室等，既灵活利用了老房，又提供了提高农民精神文化水平的配套措施，为发展乡村旅游做铺垫。

3. 加强乡土建设保护

保存悠久的老房，大都有着独特的历史轨迹，反映了不同地区的建筑布局。但是，现在的新农村建设因缺少科学的规划，造成许多村落的古建筑荡然无存，出现文化断层现象。在对闲置老房的土地整理复垦的过程中，应对本村本镇独特的古宅、古庙、古楼进行重点保护，对于各家遗留下的古宅，也可以鼓励在老房的基础上开发成具有家族、村落特点的建筑和建筑群，为发展乡村旅游打

基础。

(三) 加强宣传，树立老房改造的样板

中国人习惯将资产用于买房置地。而农民也会将半辈子的积蓄用于房屋建设。房屋对中国人而言不仅仅是建筑，更是精神的寄托。农民对房屋都会采取谨慎的态度，大多数人对流转房屋都采取观望的态度。因此，政府和村两委应该加强宣传，对闲置房屋的流转政策进行详细解释，让农民体会、认同闲置房屋的改造是新农村建设的必然趋势。村干部也应该以身作则，为农民树立榜样，消除农民对闲置房屋流转的担忧，加深农民对具体政策的理解。

在此条件下，挖掘区域特色，发挥比较优势，打造属于自己的区域特色品牌与吸引物的塑造，为发展乡村旅游鸣锣开道。

1. 宁夏境内各村落形成自己独特的风俗和习惯

宁夏各区域具有自己的特征。挖掘乡村旅游区域特色，要立足实际，充分利用当地的地形地势，挖掘历史、民族文化、风俗习惯等资源。也要深入走访，从村落老人的诉说和当地生活习惯中挖掘乡村在长期历史发展中形成的区域文化特色。从当地的民俗仪式、节日活动中挖掘当地民族文化的内涵与其独特的民俗风情，充分利用当地的区域特色，发展"旅游＋科技""旅游＋生态""旅游＋康养""旅游＋文化"等区域特色旅游。在深入挖掘区域特色中要充分尊重地区民族文化与风俗习惯，因地制宜地挖掘与发展乡村区域特色，充分发挥各区域特色的比较优势，打造独具区域经济文化内涵的乡村旅游区域特色品牌。

2. 坚持主导特色多样化发展战略

宁夏各民族在长期的历史发展中形成了不同的饮食、服装、建筑、风俗习惯等。对乡村旅游的区域特色要坚持"吃、穿、住、行"多种区域特色共同挖掘、共同发展。在区域特色品牌的发展中也不应只重视单个区域特色的发展，而是应该利用发展起来的区域

特色品牌带动同区域的其他区域特色品牌的发展，甚至是带动相邻村落区域特色旅游的发展。坚持推动多种区域特色品牌共同发展，丰富区域特色品牌的内容，打造"吃、穿、住、行"一体化的乡村旅游区域特色品牌产业链，致力发展"一村一品"甚至"一村多品"的乡村区域特色旅游模式。

3. 政府要加强对区域特色的保护

面对文化资源流失、创意缺乏、高级文化产业人才不足和文化产业品牌建设滞后等困难，政府对区域特色的政策保护不能局限于财力、物力等物质上的支持。尤其是对传统区域民族建筑的保护与改造，不能融入过多的现代元素，而要以传统区域建筑特色为主进行修缮与维护。地方政府在贯彻落实区域特色文化的保护政策上，不能过于重视短期的经济效益，应以保护传统民俗文化为主。

4. 对传统区域特色品牌进行创新，使其顺应时代发展

对于传统的民俗文化及其独特的手工艺技术的传承与保护要做到"取其精华，去其糟粕"，要对其进行创新，使其顺应时代的发展，让乡村传统的区域特色逐步"现代化、网络化、社会化、生活化"。

5. 优化区域特色模式，增强联动效应

乡村区域特色品牌的模式要突破单纯的休闲观光模式，要从走马观花式的观光、体验千篇一律的农家生活向独具个性的创意活动模式转变。乡村区域特色品牌打造与发展的模式要加强区域特色生活的体验，强调乡村旅游区域特色品牌的内在价值。同时，乡村区域特色品牌的结构不能太过单一，对于区域特色的结构模式不但要做到区域化、特色化，也要做到全域化，更要做到多个地方的区域特色共同规划、协调发展，加强区域特色旅游资源的优化配置，坚持"资源共享、品牌塑造、市场共建"的发展思路。

6. 加强乡村旅游区域特色品牌的打造与宣传

区域特色品牌的打造要建立在鲜明区域特色资源的基础上，准确定位，整体规划，系统开发，合理利用当地的历史文化、自然风光、民族风情、地形地势等区域特色资源，以最独特的区域特色资源为主，打造属于自己的不同于其他地区的区域特色大品牌，将其他不够鲜明的区域特色打造成区域特色大品牌下的小品牌圈。同时，乡村旅游的区域特色品牌宣传方式也不能局限于口头宣传，要充分利用网络媒体等现代主要传播渠道对区域特色品牌进行宣传。

二、营造体现地域文化特色的乡土景观

（一）地域文化特色田园乡土的景观概述

1. 地域文化的内涵

地域文化是指特定区域内长期以来流传下来的文化、历史，并且是传承下来具有一定特色的文化价值。地域的自然特征包括地貌、气候、水文、土壤、植被等自然元素，不同的自然条件形成了不同的区域景观类型，这是园林设计的基础。地域文化的形成是一个长期的过程，它是由前人的智慧和努力一步一步传承下来的。

地域文化特色的乡土景观内涵最根本的就是突出乡村文化的特色，留住乡村的"质朴"与"闲适"，守护人性的纯洁与精神的归属，加快培育与养成符合现代价值取向的"乡绅"，凝聚乡村发展的精神力量。通过文化创意、文化包装、文化经营等方式精心打造文化主题型乡村旅游产品，充分体现对村落物质、非物质遗产及传统文化的传承，全力保护古村落、古民居、古建筑、古名树和民俗文化，在旅游发展中严格监控乡村节事活动泛滥化、表演化、商业化，靠传统的"自然时节"和"村寨节事"调节工作节奏，避免过度逐利化和过度紧张化。

乡村旅游的发展，将以"乡愁"的情愫、"故园"的记忆凝聚

人心，新旧相融、古今对接，使乡村精神内核更加丰满、神采更加灵动，构筑创新发展的文化空间。让广大村民享受到现代文明丰硕成果的同时，在田园牧歌的情境中延续乡土文化和生命活力。我们期待，未来，乡村旅游能更好地促进城乡协同发展，乡村将不再因自卑而躲藏，也不再为逐利而迎合，城乡共生共荣共享乡村有更丰富的业态、更优化的环境，生活在这里更有尊严和品质，一个富庶、便捷、质朴、闲适的乡村，让村民"诗意地栖居"，让游客"走心地回归。"

2. 特色乡土景观内涵

特色乡土景观建设在"十三五"时期提出，明确提出了省级特色田园乡村建设创建程序和运作模式，以及特色田园乡村的重点任务和保障措施。特色田园乡村由特色、田园、乡村三部分组成。其中"特色"就是特色产业、特色生态、特色文化；"景观"就是田园风光、田园建筑、田园生活；"乡村"就是美丽乡村、宜居乡村、活力乡村。

3. 特色乡土景观的地域文化景观内涵

特色乡土景观田园乡村的景观是外在的，我们肉眼可见的，但核心是从它的地域文化来体现，烘托出特色乡土田园乡村的场景、氛围。现在的乡村景观设计不能一味地复制过去的设计，也不是浅显的装饰和点缀，是要从根本上、从细节上表达和传递出乡村本土的地域文化特色。

（二）特色乡土景观中地域文化的表达

在乡村景观设计中，地域文化是最重要的设计考虑因素，也是区别于其他特色田园乡村景观的重要一环。特色田园乡村中的地域文化可从以下四点来表达。

1. 展示地域特色

特色乡土景观设计要通过当地的地域特色来展示，每个区域都有先人遗留下来的天然环境，这种自然环境根据不同的地理位置和先人的风俗习惯在这个场地中而形成。可以充分利用艺术手法来将不同的地理环境和本土的区域特色结合起来，塑造一个充满地域风光的特色田园乡村。

2. 结合历史文化

历史文化是人类智慧创造的结晶，是一个区域民族文化的底蕴。特色田园乡土的景观形象表达可以从它的历史文化中探索，特色的文化凸显是需要对该区域的历史文脉有很深刻的掌握并且能够确切和恰当地应用到实际的景观设计中。只有深刻挖掘、理解历史文化的起源和发展过程，才能提炼其精髓，从而应用在乡村景观设计中。

3. 传承民间艺术

特色乡土景观营造少不了当地的民间艺术，现在的乡村景观设计越来越同致化，导致乡村失去了它原本的个性和乡土性，关键在于对各个区域的民间艺术的保护缺失，若将民间艺术更好地运用到特色田园乡村景观设计中，就不会出现大批量园林景观的雷同，特色田园的乡村的民间艺术也得以传承和发扬。

4. 营造田园乡土氛围

特色乡土景观设计一定要符合田园乡村风格，在景观设计的艺术手法上要展现出自然质朴的乡村特性。

（1）基于地域文化特色表达的乡土景观设计

在推进城镇化建设与休闲游憩业的发展实践中，乡土景观资源的开发与利用成为休闲经济研究的重点。我国乡土景观资源丰富，历史文化悠久，以乡土景观设计来规划游憩业的健康发展，从自然生态、人文生态等层面来满足旅游产业的全面发展。当代艺术家冯骥才曾提出，"我们感觉自己的城市越来越陌生，而对别的城市却越来越熟悉"。可见，从地域特色文化的视角来重新审视游憩业，将传统民族特色、地方风格及传统价值体系融入乡村景观设计中，既能够增强乡村景观的功能性和空间性，还能从文化渗透中保护和挖掘地方特色，传递地域精神和优秀文化品质。

（2）地域文化、地域特色表达与景观设计资源价值

文化具有历史性，地域文化是人类在历史的进程中为生活而创造的一切设计形式及成果。地域文化具有地域性，不同地域产生了不同的文化积淀，也在不同程度、不同侧面反映了特定地域的经济、文化、艺术、宗教、社会习俗等内容。简单来讲，地域文化分为自然环境资源、人文环境资源和社会环境资源三部分。自然环境要素多从气候、植被、水文、地貌等方面展现，通常具有稳定性和普遍性；人文环境与人的行为，以及人与环境的相互作用中形成的不同地域文化符号或类型；社会环境主要反映某一地域社会群体的生活方式及行为准则，也与该地域的社会经济、文化科技等发展状况紧密相连。

（3）乡土景观设计中对地域特色文化的协同

整合是基于发展的需要，通过对各构成要素关联性的挖掘，积极从系统要素与环境之间关系的架构中来实现新的秩序和综合。乡土景观设计是基于乡村多元化的景观资源，充分发挥乡村资源的功能与联系，追求游憩空间的有机性与和谐性。因此，在对乡土景观资源进行整合中，要遵循三点原则：一是从保护生态平衡上合理配置游憩资源；二是注重对地域文化的挖掘，体现出时代精神；三是注重景观设计中形象功能的渗透与协同，特别是要满足游憩需求。

（4）乡土景观规划与设计构建

①以体验为导向来配置乡土景观资源。体验是建立在外界刺激下形成的对周围景观环境的一种心理感受，在乡土景观设计中，关注游憩体验，并从景观设计的主动性上来构建丰富的体验类型，从而为增强游憩者的情感和内心感受创造条件。

在构建游憩体验中应该从四个方面来着手。一是强化游憩者的互动参与性，从乡土景观资源的开发上，围绕广泛的参与体验来增强景观设计的活力，让游憩者能够从中获得生活趣味和艺术体验。

同时，乡土景观设计在层次上要关注游憩者的差异性，能够从景观设计中来提升文化与审美价值，满足不同游憩者从中获得相应的视觉体验和感知。二是强化景观设计的美学性，审美活动是游憩者参与旅游的基本形式，也是游憩者从发现美、探索美、鉴赏美和创造美中获得体验的关键。三是关注对景观资源整体性的协同，要从每个景观的组织、设计、构建中，将景观美学价值与乡村景观人文环境相统一，从景观的布局和有序安排上，凸显游憩者的体验，并从公共配套设施、服务设施规划上实现人文、自然景观的整体统一。四是注重地域特色文化的渗透，从地方特色历史文化中来挖掘差异化要素，构建乡村景观设计的非物质文化体系。鲜明的地域特色文化能够增强游憩者的心灵冲击力，并从独特的地域历史文化中感知不一样的艺术氛围。

②旅游体验主题的设计与景观配置方法。旅游体验是基于丰富的参与性活动中，对于乡土景观设计与体验主题的构建，首先，要从旅游体验诉求分析上来进行评价。不同的旅游者面对乡土景观时，其追求的生活方式、价值观及旅游动机是不同的。其次，乡土景观设计在自身定位与分析中，要从旅游产品的开发商来表现"人无我有"的独特性。在优化旅游环境上，对景观的规划与设计多从拼接、时空、跳跃中来呈现。

③实体景观设计与规划。对于乡土景观中的实体要素，从体验视角来进行规划与设计，细化来讲，主要表现在三个方面：一是乡土建筑的设计，从观赏上满足建筑结构的围合、屏障、背景功能，从体量、形式、色彩上与景象地域特色文化相统一，从而体现出独特的旅游体验主题。二是在道路设计与规划上，要做好对外交通和内部旅游步道的协同；乡村道路是连接客源市场与旅游地的纽带，在规划时要遵循景观性和便捷性原则，既要为游客提供进出便利，还要从两侧景观及环境优化上为游客留下深刻的印象；对于内部步道设计，往往通过蜿蜒曲折的路径来营造不同的旅游体验和感受，如借助地势特点来设置高低错落的步道，因地制宜地尊重自然资源

— 173 —

现状，避免对环境的破坏，增强游客体验，设置多样化道路线形，配合直线、曲线、交叉线等审美情感体验，迎合传统空间美学对游客感官的触动。三是对休闲设施的设计要合理稳妥，无论是小木屋、亭、台、榭、廊，都要从其品质上、空间便利性上进行专门设计，如避免人流密集、保持视野开阔、材料选择要个性化，特殊旅游指示系统要清晰明了，与周边旅游主题相适应，特别是对于特殊群体的关怀更要强化实用性。

④虚体景观规划与设计。虚体景观就是将某一具体景观赋予特殊的人文气息，让游憩者从中感知到精神文化的熏陶与感染。

经过全党全国各族人民持续奋斗，我们实现了第一个百年奋斗目标，在中华大地上全面建成了小康社会，历史性地解决了绝对贫困问题，正在意气风发向着全面建成社会主义现代化强国的第二个百年奋斗目标迈进。这是在中国共产党的带领下中华民族团结一心，共同努力的伟大成就。全面建成小康社会，是非常值得骄傲的事情，是直起腰、抬起头的过程，接下来将是大踏步地前行。全面建成小康社会为乡村的全面振兴打下良好的基础，尽管任务艰巨而繁重，在中国共产党的带领下、全社会的共同努力下必将实现乡村的全面振兴！

参考文献

［1］赵小汛．乡村旅游景观资源生态规划［M］．北京：科学出版社，2016.

［2］罗言云，揭筱纹，王霞，等．乡村旅游目的地环境生态性规划与管理［M］．成都：四川大学出版社，2018.

［3］赵先超，宋丽美．长株潭地区生态乡村规划发展模式与建设关键技术研究［M］．西安：西安交通大学出版社，2017.

［4］李莉．乡村景观规划与生态设计研究［M］．北京：中国农业出版社，2021.

［5］庄志勇．乡村生态景观营造研究［M］．长春：吉林人民出版社，2020.

［6］李士青，张祥永，于鲸．生态视角下景观规划设计研究［M］．青岛：中国海洋大学出版社，2019.

［7］熊英伟，刘弘涛，杨剑．乡村规划与设计［M］．南京：东南大学出版社，2017.

［8］刘杰，刘玉芝，郑艳霞，等．景观生态理念下的乡村旅游规划设计［M］．北京：经济科学出版社，2018.

［9］李夺，黎鹏展．城乡制度变革背景下的乡村规划理论与实践［M］．成都：电子科技大学出版社，2019.

［10］卢剑波，李珏．生态园区规划：理论与实践［M］．杭州：浙江大学出版社，2017.

［11］张孝德，叶培红．有根乡村［M］．石家庄：河北人民出版社，2019.

［12］何明俊．城乡规划法学［M］．南京：东南大学出版

社，2016.

[13] 车生泉，杨小丽，熊国平 . 长三角乡村生态保育与修复设计研究［M］. 上海：上海交通大学出版社，2019.

[14] 熊国平 . 村俗文化生态保护区规划［M］. 南京：东南大学出版社，2017.

[15] 付军，李玉仓，韩秋筠，等 . 乡村河道生态修复与景观规划［M］. 北京：中国农业出版社，2013.

[16] 李京生 . 乡村规划原理［M］. 北京：中国建筑工业出版社，2018.

[17] 王党荣 . 传统文化回归美丽乡村环境规划设计［M］. 石家庄：河北美术出版社，2018.

[18] 孙炜玮 . 乡村景观营建的整体方法研究——以浙江为例［M］. 南京：东南大学出版社，2016.

[19] 张霞，王爱忠，张宏博 . 生态经济视阈下的乡村旅游开发与管理研究［M］. 成都：电子科技大学出版社，2018.

[20] 傅志强 . 肉鸭稻田生态种养新技术［M］. 长沙：湖南科学技术出版社，2019.

[21] 王昆欣 . 乡村旅游新业态研究［M］. 杭州：浙江大学出版社，2019.

[22] 贾荣 . 乡村旅游经营与管理［M］. 北京：北京理工大学出版社，2016.

[23] 刘滨谊 . 现代景观规划设计 第4版［M］. 南京：东南大学出版社，2017.

[24] 何杰 . 城乡规划原理［M］. 北京：中国农业大学出版社，2017.

[25] 段晓梅 . 城乡绿地系统规划［M］. 北京：中国农业大学出版社，2017.

［26］马虎臣，马振州，程艳艳．美丽乡村规划与施工新技术［M］．北京：机械工业出版社，2015．

［27］李彬．国土空间规划体系下的乡村生态振兴探析［J］．乡村科技，2021，12（33）：28-30．

［28］张隆隆，朱晓华，邢志军．乡村生态空间规划实践探索［J］．地质通报，2021，40（9）：1592-1600．

［29］戴瑶．"乡村振兴"战略背景下的乡村生态保护规划——以北京市某乡镇为例［J］．内蒙古民族大学学报（自然科学版），2020，35（6）：516-520．

［30］李艾洁．美丽乡村建设理念下的乡村生态规划设计［J］．山西农经，2020（21）：75-76．

［31］陈口丹．生态规划在乡村聚落设计中的应用［J］．安康学院学报，2020，32（5）：88-92．

［32］姚成．美丽乡村建设中生态规划设计初探——以江山市保安乡规划设计为例［J］．中国建筑装饰装修，2020（7）：90-91．

［33］翁丽红．基于生态视角畅谈美丽乡村的规划设计［J］．江西建材，2019（12）：82-83．

［34］刘光．乡村生态空间规划——以嵩县顶宝石村为例［J］．智能城市，2019，5（15）：113-114．

［35］张明．基于美丽乡村建设的乡村生态规划设计思考［J］．现代园艺，2019（12）：85-86．

［36］胡沛琳．基于生态保护的乡村景观规划设计［D］．长沙：中南林业科技大学，2022．

［37］张瑜．生态型乡村绿道资源要素协同规划研究［D］．杭州：浙江农林大学，2022．

［38］熊倩．生态美学视野下的美丽乡村景观规划［D］．长沙：中南林业科技大学，2021．

［39］王婷.湖南省乡村生态环境与经济耦合协调发展评价及规划策略研究［D］.长沙：湖南师范大学，2021.

［40］陆志翎.基于景观生态风险评价的苏南水网乡村适应性规划研究［D］.苏州：苏州科技大学，2021.

［41］韩韶华."乡村振兴"背景下成都市龙泉山区域生态导向型村庄规划研究［D］.成都：成都理工大学，2021.